解きながら学ぶ

日本と世界の宗教文化

宗教文化教育推進センター編

集広舎

はしがき

本書は日本や世界の宗教や宗教文化についての基礎的な知識を深め、さまざまな宗教・宗教文化を理解する心を養うためのものです。問題集の形式をとっていますが、現代世界において宗教や宗教文化がどのように自分たちに関係しているのかを、できるだけ多くの人に知ってもらいたいと考え、このような構成にしました。

2011年1月に宗教文化教育推進センター（CERC）が設立され、その年の11月から宗教文化士認定試験が始まりました。2018年11月までに15回の試験が実施されました。この問題集はそこで出題された合計750問の問題を参考にして作成されています。宗教文化士となるには、まず大学で所定の単位を取得しなくてはならないので、あまり多くの人は受験できません。しかし、この試験の内容は一般の人にとっても大事な知識を問うものであるとセンターの関係者は考えました。グローバル化が進んでいく現代では、宗教や宗教文化は今までになくボーダレスに広まり、その基礎的知識を得ていくことは、さまざまな職業そして日常生活にとって大事になってきています。

そこで本書ではそのことを実感してもらえるような問題を選びました。初級編、中級編、上級編と分けて、あまり宗教や宗教文化について学ぶ機会が少なかった人でも近づきやすいものにしました。最後の上級編が宗教文化士認定試験と同じ形式になっています。

それぞれの問題には正解とともにキーワードと解説が付されています。たんに正解であったかどうかだけでなく、その問題がどういうことについて知識を深めるためのものであるかを分かってもらうためのものです。また巻末には、現代の日本や世界の宗教状況を考えていく上での基本的な参考資料やデータがあります。信頼の置けるものに依拠し、分かりやすい図や表などとして示しました。解説中にはところどころQRコードがありますが、これを読み取ると、宗教文化教育推進センターのホームページで公開しているデータに直接アクセスできるようになっています。

問題を解くことを楽しみながら、知識や考えを深められるようにという目的ですので、ぜひチャレンジしてみてください。宗教や宗教文化が実は非常に身近な問題であることを実感してもらえるはずです。

2019年1月
宗教文化教育推進センター

目次

初級編

ウォーミングアップ

《日本の宗教》

【問1】

神社についての一般的な説明として適切なものを、次から1つ選びなさい。

ア　古代に創建された代表的な神社としては、伊勢神宮や出雲大社がある。

イ　近代になって創建された神社もあり、代表的なものとして太宰府天満宮がある。

ウ　神道は多神教であるが、1つの神社には1柱の神しかまつられていない。

【問2】

神社の境内を案内することになった。その際の説明として適切なものを、次から1つ選びなさい。

ア「入り口のところにあるのは、鳥居と言います。神聖な場所という目印なので、下をくぐらずにわきを通って下さい。」

イ「参道の両側にある獅子の像のようなものは狛犬と言います。神の使いなので、願い事があるときは狛犬に向かってお願いしましょう。」

ウ「参拝の前には手水舎で手と口を清めます。禊(みそぎ)という儀礼を簡単にしたものですが、清め方にも作法があります。」

《日本の宗教》

【問1】

［正解］ ア

［キーワード］ **祭神　神社の創建　多神教**

【解説】 神社でまつられる神が祭神で、主にまつられている神を主神と言います。一つの神社にまつられる神は一柱とは限らず、中心的な神のほかに関連する神もまつられることもよくあります。

創建された時期は神社によってさまざまです。古代に創建された神社として代表的なものは伊勢神宮（正式な名称は「神宮」）、出雲大社、熱田神宮などがあります。太宰府天満宮は平安時代の10世紀に創建されました。近代になって設立された神社の例としては、1890年創建の橿原（かしはら）神宮や、1920年創建の明治神宮などがあります。

【問2】

［正解］ ウ

［キーワード］ **境内　狛犬　参道　手水舎　鳥居**

【解説】 鳥居はここからが境内であるというような意味を持つことが多く、そこで一礼する人もいます。そこをくぐって参道に進むのが一般的です。参道とは参拝のために通る道のことです。

参道の両脇には狛犬が置かれているのがふつうです。狛犬の起源は諸説あってはっきりしません。狛犬と言っても、実際には獅子であったり、他の動物であったりします。願い事をする対象ではありません。

手水舎は、参拝に当たり、口をすすぎ、手をあらう場所で、参拝にあたって身を清めるという意味をもっています。

【問3】

神社の神職に話を聞くことになった。あらかじめ知っておいたほうがいい知識として適切な内容になっているものを、次から1つ選びなさい。

ア　神職は男性しかなれないので、神社に務めている女性をみかけたら、それは巫女（みこ）であると考えればいい。

イ　神社に勤務している神職の姿の人を見かけたら、その人は宮司であるので、「宮司さん」と呼びかければいい。

ウ　神職を養成するための大学は2つしかなく、僧侶を養成するための大学に比べてはるかに少ない。

【問4】

日本人の生活と神道について関心を抱いた外国人にその儀礼などを説明することになったが、適切な内容になっているものを、次から1つ選びなさい。

ア「日本人の大多数が、生まれてから死ぬまでの人生儀礼を全て神道で行ないます。」

イ「神道式の結婚式の作法は、近代になってからととのえられたものです。」

ウ「お盆は神となった先祖の霊に感謝するものなので、盆踊りは神社の境内で行ないます。」

【問3】

［正解］　ウ

［キーワード］　**宮司　神職　神職養成機関　巫女**

【解説】　現在は女性も神職になれます。女性神職の割合は1～2割程度です。なお、戦前には女性が神職となることは認められていませんでした。巫女は神職の資格をもった人もいれば、アルバイトとして働いている人もいます。

宮司というのはその神社を代表する人で、1つの神社に1人しかいません。宮司以外の神職には、禰宜(ねぎ)、権禰宜(ごんねぎ)などの職名があります。女性の宮司もいます。

神道系の大学は国学院大学と皇学館大学の2つです。仏教系の大学やキリスト教系の大学に比べてずっと少ない数です。

【問4】

［正解］　イ

［キーワード］　**人生儀礼　神前（結婚）式　先祖祭祀**

【解説】　生まれてから死ぬまでの間の人生の節目に行なわれる儀礼を人生儀礼（あるいは通過儀礼）と言います。人生儀礼はどの国にもありますが、それがどの宗教と結びつくかは国により違います。日本の場合、神道が結びついている人生儀礼としては、初宮詣（初宮参り、産土参りとも）、七五三、結婚式などが代表的です。割合は少ないですが、神道式の葬儀である神葬祭を行なう人もいます。

神前結婚式が広まったのは20世紀にはいってからです。大正天皇が神前結婚式を挙げたことが広まりの一つの契機とされています。1980年代には神前結婚式の割合がもっとも高かったのですが、1990年代後半以降はキリスト教式の方が多くなっています。

神道では先祖祭祀も民俗信仰として行われる地方が多いですが、お盆の行事は先祖の霊の供養など仏教が中心的役割をはたす場合が多いです。盆踊りの起源は諸説ありますが、先祖供養の意味を持つ盂蘭盆会(うらぼんえ)と結びついたとする考えもあります。

【問5】

「南無妙法蓮華経」という唱え言葉の説明として適切なものを、次から1つ選びなさい。

ア　これは「法華経は南方では信じられていない」という意味である。

イ　これは「法華経を信じる人以外は唱えてはいけない」という意味である。

ウ　これは一般に「題目」として知られている唱え言葉である。

【問6】

四国八十八ヶ所霊場を巡礼（巡拝）する四国遍路についての説明として適切なものを、次から1つ選びなさい。

ア　遍路者の笠などに書かれている「同行二人（どうぎょうににん）」とは、空海と共にいることを意味する。

イ　巡礼を途中でやめた場合、遍路の再開は一番札所（霊場）に戻って始めなければならないとされる。

ウ　遍路者に対して、巡礼の対象となっている寺院側から休憩場や飲食物の提供が行なわれることは「接待」と呼ばれている。

【問5】
［正解］ ウ
［キーワード］ 題目　唱え言葉　法華経
【解説】「南無妙法蓮華経」の「南無」はサンスクリットで帰依、信従を意味するnamasの音写です。また「妙法蓮華経」は初期大乗経典である法華経を5世紀初めに鳩摩羅什（くまらじゅう）が漢訳した際の名称です。したがって南無妙法蓮華経は、「法華経の教えに帰依する」という唱え言葉です。日蓮系の諸教団ではこれを「題目」と呼び、これを唱えます。日蓮はこの「題目」に法華経の功徳が納められており、これを唱えることが成仏につながるとしました。

【問6】
［正解］ ア
［キーワード］ 空海　巡礼　接待　遍路　霊場
【解説】 四国八十八ヶ所霊場は弘法大師空海ゆかりの霊場で、空海がともに巡礼しているとされています。「同行二人」はそういう意味を持っています。遍路はどの霊場から始めてもよいことになっています。とくに閏年には通常と逆の順でまわる人たちもいますが、これは「逆打ち」と呼ばれます。巡礼地に住む人々は、自分が巡礼せずとも、遍路者を「接待」することでご利益が得られるとされています。

【問7】

日本仏教の歴史に関して、適切な記述を次から1つ選びなさい。

ア 聖徳太子は仏教を重んじたことで有名だが、歴代の天皇をみると仏教を信じた人が数多く存在する。

イ 徳川家康は神道を高く評価し、仏教に対しては厳しい態度をとったので、江戸時代に仏教はかなり衰退した。

ウ 近代以降現代に至るまで、日本の寺院はすべて檀家によって支えられている。

【問8】

日本仏教の各宗派の開祖と本山に関する説明として適切なものを、次から1つ選びなさい。

ア 華厳宗は奈良仏教の1つで、法隆寺を本山とする。

イ 浄土宗は12世紀後半に成立し、宗祖は法然であるが、本山は京都の知恩院である。

ウ 曹洞宗の開祖は瑩山(けいざん)である。福井にある永平寺と鎌倉にある長谷寺を大本山とする。

【問7】

［正解］ ア

［キーワード］ **檀家制度　天皇　明治維新**

【解説】 天皇家と仏教とのつながりは歴史的に深く、天皇家と仏教とのつながりが意図的に断ち切られたのは明治維新のときです。織田信長による比叡山焼き討ちのような出来事もありますが、武家政権もおおむね仏教には好意的でした。徳川時代は檀家制度ができ、仏教は政治的に保護されたと言えます。

【問8】

［正解］ イ

［キーワード］ **永平寺　瑩山　華厳宗　浄土宗　曹洞宗　知恩院　長谷寺　法然　法隆寺**

【解説】 華厳宗の大本山は奈良にある東大寺です。東大寺は国分寺の制度のもとで総国分寺とされました。曹洞宗の開祖は道元です。瑩山は13世紀末から14世紀にかけて北陸での教化に尽くした僧で、曹洞宗中興の祖として位置づけられています。石川県に総持寺を建立しました。19世紀末に焼失したのを機に神奈川県に建てられたのが現在の総持寺です。

法隆寺

東大寺

【問9】

日本で行なわれているキリスト教に関わりのある宗教習俗や儀礼についての説明として適切なものを、次から1つ選びなさい。

ア　バレンタインデーの習慣が急速に若者の間に広まったのは昭和初期である。

イ　21世紀になって日本で急に流行したハロウィンは、もともとはケルト人の祭りに起源があるとされる。

ウ　12月24日のクリスマス・イブを恋人同士で過ごすことが流行するようになったのは、『クリスマス・キャロル』という映画の影響である。

【問10】

日本のキリスト教に関する説明として、適切なものを次から1つ選びなさい。

ア　日本にキリスト教が初めて伝えられたのは16世紀であるが、そのときはキリスト教に関心を持つ人はきわめて少なく、武士がキリスト教徒になるようなことはなかった。

イ　19世紀後半に次々と宣教師が到来したが、とくに米国から来たプロテスタント宣教師の数の多さが目立つ。

ウ　明治以降、ミッション・スクール（キリスト教系の学校）が多く設立されたので、キリスト教の信者は人口の10%程度になった。

【問9】
［正解］ イ
［キーワード］ クリスマス バレンタインデー ハロウィン
【解説】 バレンタインデーの由来は幾つかありますが、3世紀のイタリアの司祭であった聖バレンタインに由来するという説がよく知られています。日本ではバレンタインデーの習慣は20世紀半ば以降、製菓会社によって広められたことから女性から男性にチョコレートを贈ることが一般的ですが、これは日本独自の習慣です。

ハロウィンは10月31日に祝われますが、もともとケルト人の祝日で、ケルト暦の大晦日にあたります。なおハロウィンとは関係ありませんが、10月31日は、カトリックでは「諸聖人の祝日」（All Saint's Day）である11月1日の前夜に当たり、プロテスタントでは、10月31日は宗教改革記念日、ルターが95箇条の提題を発表した日として記念されています。

ディケンズの小説『クリスマス・キャロル』は何度か映画化されており、ディズニーの製作したアニメ版などもあります。強欲な商人スクルージがクリスマスの霊に導かれ過去・現在・未来をめぐる物語であり、クリスマスを家族で祝う習慣が広まることに影響を与えたとされます。

【問10】
［正解］ イ
［キーワード］ 宣教師 日本キリスト教史 ミッション・スクール
【解説】 16世紀にはキリシタン大名も生まれました。明治期にキリスト教を受容し、指導者層を形成していったのはかつて武士階級に属していた青年たちであったと言われています。宣教師の多くは日本が鎖国状態から開国へと向かううえで大きな影響を与えたアメリカ合衆国から派遣されていました。宣教師たちは教会を設立するなどの直接的な宣教活動以外に、医療、福祉、教育などの面でも活躍し、多くのミッション・スクールが設立されました。特に女子教育について、ミッション・スクールの貢献は大きなものでした。キリスト教の信者は現在も人口の1%程度です。

【問11】

現代日本のキリスト教に関する記述のうち適切なものを、次から1つ選びなさい。

ア　日本基督教団は、複数教派による合同教会であるが、これが成立したのは明治の中ごろである。

イ　日本のキリスト教人口は、全人口の1%程度であり、ほとんどがカトリックかプロテスタントの信徒である。

ウ　カトリックや東方正教会の場合、聖職者のことを「牧師」と呼ぶのが一般的である。

【問12】

19世紀以来、日本には新しい教団が数多く設立された。
これらについて適切に説明したものを1つ選びなさい。

ア　黒住教は19世紀前半に黒住宗忠によって今の岡山県で設立され、西日本を中心に信者を増やした。

イ　生長の家は20世紀の前半に谷口雅春によって設立されたが、谷口はキリスト教に対する信仰心が篤かった。

ウ　霊友会は20世紀後半に久保角太郎によって設立されたが、伊勢信仰に基づいており、『古事記』・『日本書紀』を教典としている。

【問11】

［正解］ イ

［キーワード］ **神父　日本基督教団　牧師**

【解説】 日本のキリスト教人口は、人口比1%程度です。文化庁編『宗教年鑑　平成29年度版』によれば1.1%になります。現在はプロテスタント諸教派、カトリックが大半を占めています。正教は一般に東方正教会と呼ばれますが、その信者数は、これらに比べるとかなり少ないものです。聖職者をカトリックでは神父、プロテスタントでは牧師と呼ぶのが一般的です。

長老派、会衆派、メソジスト派、バプテスト派等日本のプロテスタント諸教派は基本的にそれぞれ独立したものですが、1941年になると国策により多くが合同させられ、合同教会として日本基督教団が成立しました。

【問12】

［正解］ ア

［キーワード］ **教派神道　新宗教　法華信仰**

【解説】 近代日本の新宗教の多くは、全国的に信者が分布するものと、ある地域に集中的に信者がいるものとがあります。黒住教は西日本中心です。また思想的な面では、黒住教、生長の家のように、日本の神道に大きく影響を受けたものもあれば、霊友会のように法華信仰の影響を強く受けたものもあります。キリスト教系の新宗教は、イエス之御霊（のみたま）教会教団などごく一部にとどまり、全体として信者数も多くありません。

【問13】

近代以降に成立した仏教系の教団と伝統的な日本仏教との関わりについて、適切に説明したものを、次から１つ選びなさい。

ア　真如苑は、聖徳太子信仰と深い関わりをもって形成され、十七条憲法を教義に取り入れている。

イ　創価学会は、当初は日蓮正宗の在家組織である創価教育学会として発足した。

ウ　立正佼成会は、浄土宗から強い影響を受けて形成された教団で、先祖供養を実践し、法然の教えを教義に取り入れている。

【問14】

日本人の家庭にホームステイした留学生に、家の中を案内しながら説明するのに適切な内容を、次から１つ選びなさい。

ア　これは仏壇です。多くの日本人はここに仏像を納めて毎日それにお経をあげることを日課としています。

イ　これは神棚です。神道に関わるものですが、仏教信者の家でまつっているところもあります。

ウ　これは雛人形で、３月３日の節供に飾られます。その日は明治以降、国民の祝日として休日になっています。

【問13】
［正解］ イ
［キーワード］ 在家仏教 日蓮 密教
【解説】 近代以降に新しく設立された仏教系の教団のほとんどは、伝統仏教の儀礼や教えを基盤にしています。また、その多くは日蓮宗・法華宗、あるいは真言宗（密教）からの影響を大きく受けています。それゆえ、こうした教団は在家仏教、つまり僧侶ではない一般の仏教信者による組織とみなす立場もあります。創価学会や立正佼成会は日蓮系の教団とされ、真如苑は密教系の教団とされています。

【問14】
［正解］ イ
［キーワード］ 神棚 クリスマス・ツリー 節供（節句） 雛人形 仏壇
【解説】 日本の家庭ではしばしば、複数の宗教に関わる調度が混在します。浄土真宗など、神棚をまつらないことを説く宗派もありますが、仏壇も神棚も両方ある家も多くあります。また、そうした家でクリスマス・ツリーを飾るということも珍しくありません。仏壇があっても、必ずしもそれを宗派の教えにしたがって拝むとは限らず、また神棚があるからといって、そこに納めるべき神札を年毎に換えるとは限りません。雛人形を飾る3月3日の行事は桃の節供として知られていますが、中国から伝わった五節供の一つです。江戸幕府によって「式日」と定められましたが、明治になると廃止され風習として残りました。

【問15】

日本の年中行事や祭りについての一般的な説明として適切なものを、次から1つ選びなさい。

ア　日本は古くから太陽暦を取り入れていたので、日本の年中行事は、最初から太陽暦にしたがって行なわれてきた。

イ　神楽（かぐら）と呼ばれる伝統芸能は、もともと仏教の儀式が民衆の間に広まったものである。

ウ　祭りでよくみられる神輿（みこし）は、神霊が一時的に鎮座する乗り物とされている。

【問16】

日本人の人生儀礼について適切な説明となっているものを、次から1つ選びなさい。

ア　初宮詣と呼ばれる儀礼は、両親が生後1年以上たった子供を神社に連れて行なって神職から祓いを受ける儀礼である。

イ　還暦は干支（えと）が一回りするという意味で、12歳の成人儀礼を指す。

ウ　葬式は圧倒的に仏教式が多いが、その大きな理由として江戸時代に檀家制度が確立したことがあげられる。

【問15】
［正解］ ウ
［キーワード］ お盆（盂蘭盆） 神楽 太陽暦 年中行事 神輿
【解説】 1873年に太陰太陽暦（旧暦）から太陽暦への改暦がなされました。これが従来の農事暦を基本とする祭りや年中行事のあり方に影響を及ぼしました。9月から10月に変更された伊勢神宮の神嘗（かんなめ）祭はその一例で、お盆（盂蘭盆）の行事を7月に行なうところもあれば、8月に行なう地域があるのもその影響によります。仏教儀礼にルーツを持つ神楽も存在しますが、天岩戸神話に基づくものなど、神道の祭りと神楽は古くから密接に関わりがあります。祭りでよく見られる神輿（「しんよ」とも読む）は貴人の乗る輿を神に用いたもので、御旅所と呼ばれる目的地（あるいは休息地）まで神幸（渡御（とぎょ））する際に、氏子衆によって担がれます。

【問16】
［正解］ ウ
［キーワード］ 干支 還暦 人生儀礼 葬式 檀家制度 初宮詣
【解説】 初宮詣は地域によって多少の違いがありますが、おおよそ生後30日に行なわれます。両親だけでなく祖父母も参加する場合が多く見られます。還暦は60年周期で自分の生まれ年と同じ干支（えと）の組み合わせに戻るという意味で、数え年61歳（満60歳）のときに祝います。干支は十二支（子（ね）、丑（うし）、寅（とら）、…）と十干（甲（きのえ）、乙（きのと）、丙（ひのえ）、丁（ひのと）、…）の組合せで、12と10の最小公倍数が60になります。したがって60年で同じ干支になります。魔除けに用いられた赤子の産着になぞらえて、帽子やチャンチャンコなど赤いものを身につけさせる風習があります。葬式は檀家制度の流れを受け、現在も仏教式が圧倒的に多いですが、故人や遺族の信仰によってはキリスト教式や神道式の葬儀もあり、無宗教式もあります。

《世界の宗教》

【問17】

中国にある宗教遺跡・宗教施設について適切なものを1つ選びなさい。

ア　西安には、三蔵法師玄奘（げんじょう）が持ち帰った経典を保存するため建てられた大慈恩寺の大雁塔（だいがんとう）がある。

イ　河南省の登封には嵩山少林寺があり、達磨（ダルマ）大師が修行をし、少林寺拳法を後世に伝えた。

ウ　北京には唐代に建立された天壇があり、皇帝が天をまつるための儀式を行なった。

【問18】

中国の宗教に関する記述として、適切なものを次から1つ選びなさい。

ア　中国には古代から星に対する信仰があったが、たとえば道教における北斗七星に対する信仰が挙げられる。

イ　老子と荘子の思想を合わせて老荘思想というが、この思想の特徴は、いついかなるときも敵に勝つ方法を説いたところにある。

ウ　陰陽思想というのは東アジアに広く影響を与えたもので、万物は陰と陽に分かれるが、最終的には陽が勝つという考えである。

《世界の宗教》

【問17】

［正解］　ア

［キーワード］　**玄奘（三蔵）　達磨　天壇**

【解説】　中国では唐代の皇帝が手厚く仏教を擁護し、この前後にインド人僧の達磨（ダルマ）が来て中国禅宗を開いたり、玄奘（げんじょう）が仏典を持ち帰って三代皇帝高宗に申し出て大雁塔を建立するなどしました。少林寺拳法は、第二次大戦後、宗道臣が日本で開いた武道・修養法で、中国の少林拳とは異なります。現在の北京にある天壇は明の永楽帝により創建されたものです。

大慈恩寺

嵩山少林寺

天壇

【問18】

［正解］　ア

［キーワード］　**陰陽　老荘思想**

【解説】　中国の思想は極めて多様性に富んでいます。陰陽は中国人の世界観の中核にあり、万物は両者の混合によって生まれるとされ、二元は敵対関係ではなく、対立しつつも相補関係にあるととらえられています。また陰陽は太極が分かれたものとされています。中国思想は一般的に現世的・政治的傾向がありますが、老荘思想は争わず無為自然、内面重視で陰陽を統合する道を求めます。

【問19】

現在の台湾の宗教状況について適切に述べてあるものを、次から1つ選びなさい。

ア　台湾では日本の宗教の活動が禁じられているため、現在は台湾に日本の宗教施設は見られない。

イ　台湾は仏教や道教が広まっており、キリスト教信者は1%未満しかいない。

ウ　台湾には各地に媽祖(まそ)廟があるが、今でも多くの人の信仰を集めている。

【問20】

ヒンドゥー教についての一般的な説明として適切なものを、次から1つ選びなさい。

ア　ヒンドゥー教の開祖とされているのは、ラーマクリシュナという人物である。

イ　ヒンドゥー教の中には多くの派があり、その全体を統括するような権威や組織は存在しない。

ウ　ヒンドゥー教の聖典と仏教の聖典は、大半が同じ内容である。

【問19】

［正解］　ウ

［キーワード］　媽祖　台湾の宗教

【解説】　台湾は1895年から1945年まで日本統治下にあり、植民地として産業化政策が進められる一方、同化政策も進められ、日本人居住者の増加に併せて神社の建立や仏教宗派の開教、新宗教の布教も相次ぎました。第二次大戦後、日本が敗戦し、国民党政権が樹立されると神社や寺院は一掃されましたが、天理教の他、新宗教団体はわずかに残りました。台湾のキリスト教人口は総人口の約3%を占め、儒仏道の三教が融合した民俗宗教を信仰する人の割合が高いです。その1つに媽祖の信仰があり、中国の福建省と福建人が移住した台湾において航海・漁業の守護神として篤く信奉されています。

【問20】

［正解］　イ

［キーワード］　開祖　教派　聖典

【解説】　ヒンドゥー教には1つのまとまった教えや実践や集団があるわけではなく、特定の開祖も存在していません。インド亜大陸周辺で長い時間をかけて形成された、地域や階層によって多様な宗教文化が、後にまとめて「ヒンドゥー教」と呼ばれるようになりました。紀元前1000年ころまでに編纂された『リグ・ヴェーダ』などが今日でも聖典とみなされていますが、それらはブッダの言葉とされるものをまとめた仏教経典とは異なっています。

【問21】

ヒンドゥー教についての説明として適切なものを、次から1つ選びなさい。

ア　一般に、ヒンドゥー教では豚は神聖な動物とみなされて食用とはなされない。

イ　インド人以外がヒンドゥー教の信者となることは固く禁じられている。

ウ　ヒンドゥー教寺院には数多くの神々がまつられているのが普通である。

【問22】

南アジア各国の宗教についての以下の記述の中から適切なものを1つ選びなさい。

ア　インドの人口の約8割はヒンドゥー教徒であるが、イスラム教徒も1億人以上いる。

イ　スリランカはインドの影響を強く受けており、人口の大半はヒンドゥー教徒で、ヒンドゥー教が国教になっている。

ウ　パキスタンとバングラデシュは、仏教信者を中心として英領インドから分離独立した国である。

【問21】

［正解］ ウ

［キーワード］ 多神教 肉食（のタブー）

【解説】 ヒンドゥー教の信者は牛を神聖な動物とみなして食用とはしないことが一般的です。また殺生を戒める教えなどに基づき、肉食自体を避ける菜食主義者も少なくないため注意が必要です。卵や乳製品など、肉食の範囲に入るかの判断が分かれている食材もあります。ヒンドゥー教徒の多くはインド亜大陸やその周辺に暮らす人々ですが、例えばインドネシアのバリ島民もヒンドゥー教を信じています。ヒンドゥー教では数多くの神々がまつられていますが、特にシヴァとヴィシュヌの二神は多くの人々の信仰を集めています。

【問22】

［正解］ ア

［キーワード］ 宗教人口 南アジアの宗教

【解説】 インドには世界第2位の13億人を超える人々が暮らしていますが、宗教別に見ればそのおよそ80%がヒンドゥー教徒で最も多く、次いでおよそ13%がイスラム教徒となっています。仏教徒は今日のインドで1%弱にとどまり少数派ですが、隣国のスリランカでは国民の大半が上座仏教の信者です。パキスタンとバングラデシュは、イスラム教徒が多く暮らす地域がインドから分離独立することで生まれました。

【問23】

東南アジアの国々に赴任しようとしている人に対し、各国の宗教事情について概説することとなった。そのときの内容として適切なものを、次から1つ選びなさい。

ア「フィリピンはかつてスペインの植民地となった時代にキリスト教のカトリックが広まったが、今日ではプロテスタントの信徒が人口の過半数を占めています。」

イ「マレーシアは国民の約6割がイスラム教徒という国で、公教育ではイスラム教徒向けの宗教教育も行なわれています。」

ウ「ミャンマーの国民の大半が信仰している大乗仏教は、禅と浄土信仰を基本としているので、日本人にも親しみやすいです。」

【問24】

ある映画監督が上座仏教の僧院を舞台にした新作映画を撮影し、内容が上座仏教の教えや実態に照らして無理がないものであるかチェックを頼んできた。適切と思われるシーンを、次から1つ選びなさい。

ア 未成年の子供が親元を離れて出家するシーン。

イ 高僧が妻である尼僧と協力して寺の再建に奔走するシーン。

ウ 葬儀の読経を終えた僧侶が、懇親会の席でビールを飲み、参集者と談笑しているシーン。

【問23】

［正解］　イ

［キーワード］　宗教教育

【解説】　東南アジアは、古くよりインド文明・中国文明の影響を受け、さらに近代には多くの国々が西洋諸国の植民地となった地域です。そのため、多様な宗教がこの地に伝わってきました。特にヒンドゥー教や仏教は古くより東南アジアに広く伝わりました。その後大陸部のミャンマー、タイ、ラオス、カンボジアなどでは上座仏教が根付き、島嶼（とうしょ）部のマレーシアやインドネシアやブルネイなどでは、イスラム教が広まっていきました。マレーシアは国民の6割近くがイスラム教徒でイスラム教が国教です。フィリピンでは、16世紀からのスペイン統治下においてカトリックが広まりました。

【問24】

［正解］　ア

［キーワード］上座仏教の出家者　比丘　比丘尼

【解説】　上座仏教において出家者である僧侶には様々種類があります。年齢による区分では20歳未満の見習僧と20歳以上の正式な僧侶とがあります。また男性と女性の区分もあります。これらを組み合わせると、男性見習僧の沙弥（しゃみ）、女性見習僧の沙弥尼（しゃみに）、正式な男性僧侶の比丘（びく）、正式な女性僧侶の比丘尼（びくに）となります。ただし、女性僧侶の伝統は上座仏教では途絶えており、今日その伝統を復興する女性僧侶の運動が見られます。なお婚姻関係のある者は出家することができません。また出家者は、飲酒の禁止を含む多くの律（戒律）を日々守らなくてはなりません。

【問25】

現代世界のキリスト教に関する記述として適切なものを、次から1つ選びなさい。

ア　ドイツは、福音主義教会と呼ばれるルター派が大半を占めるので、これを国教としている。

イ　エチオピアのキリスト教会には、北アフリカがイスラム教化される以前に伝えられたものがある。

ウ　ミャンマーでは国民の大半がプロテスタントの信仰をもっている。

【問26】

20世紀以降のローマ教皇に関する記述として適切なものを、次から1つ選びなさい。

ア　ローマ教皇は、カトリック、プロテスタントを含めた世界のキリスト教会の頂点に位置する指導者である。

イ　第266代ローマ教皇のフランシスコは、初めての南米出身の教皇である。

ウ　ローマ教皇を選出するときは、世界各地の司教たちが投票し、最も多くの票を集めた人を選ぶという方法をとる。

【問25】
［正解］ イ
［キーワード］ コプト教（会） ルター派
【解説】 ドイツはルター派が多いですが、大半ではないですし、国教にもなっていません。エチオピアには古代にキリスト教が伝わっており、エジプトのコプト教会との関係が古くからあります。ミャンマーは英国の植民地になった歴史がありますが、国民の大半は仏教徒です。

【問26】
［正解］ イ
［キーワード］ コンクラーベ 司教 枢機卿 ローマ教皇
【解説】 ローマ教皇はカトリックの頂点に立つ精神的指導者ですが、プロテスタントの指導者ではありません。2013年3月に就任した第266代教皇のフランシスコはアルゼンチン生まれで、初の南米出身の教皇となります。教皇の選出は全世界の教皇選出権を持つ枢機卿たちの投票によりますが、これはコンクラーベとして知られています。

【問27】

キリスト教会の暦に関する記述として適切なものを、次から1つ選びなさい。

ア 1週間は日曜日から始まり、日曜日はイエス・キリストが復活した曜日とされている。

イ イエス・キリストの誕生を祝うのがクリスマスで、イエスの弟子たちも 12月25日をイエスの誕生日としていた。

ウ ペンテコステは、聖霊降臨祭と呼ばれるキリスト教の祝祭日であるが、これは日本の先祖供養に当たり、天国で聖なる存在となった先祖の霊を慰める日である。

【問28】

モスクに関する説明として適切なものを、次から1つ選びなさい。

ア 礼拝の方角がわかるよう、モスクのなかにはムハンマドの肖像画が飾られている。

イ モスクにはイスラム教徒以外、足を踏み入れることはできない。

ウ 礼拝はモスク以外でも行なうことができる。

【問27】

［正解］　ア

［キーワード］　イースター　クリスマス　ペンテコステ

【解説】　イエス・キリストが処刑されたのは金曜日で復活したのは日曜日というのが、キリスト教徒の間で広く信じられていることです。イエスの正確な生誕の日は不明で、初期は1月6日などに祝われていたとされます。12月25日が誕生を祝うクリスマスとなったのはローマに広まってからで、イエスの死後、数百年経ってからのことです。ペンテコステはイエスの死後、弟子たちに聖霊が降ったことを祝うものです。クリスマス（降誕祭）とイースター（復活祭）とペンテコステ（聖霊降臨）は、キリスト教の三大祝祭日と言われます。

【問28】

［正解］　ウ

［キーワード］　異教徒　肖像画　モスク（マスジド）　礼拝

【解説】　イスラム教徒は聖地メッカ（マッカ）の方角に向かって礼拝しますが、それを示すのはモスクの壁にある、装飾を施されたミフラーブという壁龕（へきがん）です。また金曜正午の礼拝だけは、モスクに行き、ほかの人々といっしょに礼拝すべきとされていますが、それ以外の礼拝は基本的にどこで行なっても構いません。職場や学校の隅で礼拝を行なうことはごく普通です。

モスクに異教徒を入れてはならないという規則はありません。ただし、入るにあたっては必ず入口で靴を脱ぐことが必要で、さらに肌の露出を避ける服装をすること、女性は髪をおおうことを求められることが一般的です。地元の小さなモスクでは外部者は入れてもらえないこともありますが、それは異教徒だからというよりも、物見遊山でやってくる者を排除したいという理由によることが多いようです。

【問29】

イスラム教で啓典となっている『コーラン（クルアーン）』についての適切な記述を、次から1つ選びなさい。

ア　『コーラン』の各章には、「牝牛章」などの名称がついている。

イ　『コーラン』は、イスラム以前からアラビアに存在した書物にムハンマドが新しい解釈を施したものである。

ウ　『コーラン』を他の言語に翻訳することは禁じられており、英訳も日本語訳も存在しない。

【問30】

イスラム教徒の知人と一緒に食事をする際に留意することとして適切なものを、次から1つ選びなさい。

ア　エビ、カニなど甲殻類が一切入っていない料理を選ぶ。

イ　天ぷらの場合、揚げ油にラードが使われていないことを確かめる。

ウ　サンドイッチなら、卵、チーズ、ツナなどが入っていないことを確かめる。

【問29】

［正解］ ア

［キーワード］ 『コーラン（クルアーン）』

【解説】 『コーラン』のすべての章に「牝牛章」、「食卓章」、「蜜蜂章」などの名前がついています。ただその名前はその章のなかでよく出てくる単語であり、必ずしも内容を表わしているとは限りません。

『コーラン』はムハンマドに伝えられた神のことばであり、ムハンマドは伝えられたとおりに人々に口伝えで教えたとされています。ムハンマドが存命中は、書物の形にはなっていません。

神の語ったことばは一字一句変更することが許されないので、ほかの言語に変えるなどもってのほかということになります。しかしそれは翻訳自体が悪いことであり禁止というのではなく、翻訳されたものは『コーラン』とはみなさない、翻訳されたものは単なる解説書、参考書のようなものという扱いになるということです。実際『コーラン』は、日本語はもとより多くの言語に訳されています。

【問30】

［正解］ イ

［キーワード］ 食のタブー タブー 豚肉のタブー

【解説】 イスラム教では酒と豚を口にすることが禁止されています。酒を飲むこと、豚肉を食べることについてはわかりやすいですが、酒類を調味料として使うこと、豚の油を調理に使うことも許されないので注意が必要です。なお厳密にはこれらの食材を「食べる・飲む」ことが禁止されているのですが、人によっては「汚れたもの」と感じ、触れることをも嫌がる場合があります。

なお、ヒンドゥー教やユダヤ教にも食のタブーがあるので混同しないようにすることが大切です。豚のほかに甲殻類を避けるなど多くのタブーがあるのはユダヤ教です。またヒンドゥー教徒は牛を食べません。

【問31】

外国からやってくるイスラム教徒といっしょに国内を旅行する際の配慮として適切なものを、次から1つ選びなさい。

ア　部屋にシャワーや風呂がなく、共同の浴場しかない宿泊施設を避ける。

イ　観光や見学の場所として、神社や寺院を避ける。

ウ　宿泊施設の女性スタッフは全員ヴェールで髪を隠すよう宿泊施設に依頼する。

【問32】

イスラム教のラマダーン月についての説明として適切なものを、次から1つ選びなさい。

ア　ラマダーン月とは、イスラム暦の最初の月であり日本の正月にあたる。

イ　ラマダーン月とは、日の出から日の入りまで一切の飲食を絶つ月である。

ウ　ラマダーン月の「ラマダーン」とは、断食を意味する語である。

【問31】
［正解］ ア
［キーワード］ 衣服の戒律　ヴェール　偶像崇拝　女性と宗教　多神教
【解説】 イスラム教では多神教、偶像崇拝を否定しますが、イスラム教徒がそうした宗教の施設を訪問してはいけないということはありません。
　イスラム教徒の女性は、一般的にヴェールで髪をおおうことが正しいとされていますが、一部の国を除いて、イスラム教徒ではない女性にヴェールの着用を求めることはありません。
　イスラム教徒の男性は、臍から下で膝から上の部分を露わにしてはならないとされています。そのため、銭湯、温泉などの共同浴場は通常、避けられます。

【問32】
［正解］ イ
［キーワード］ イスラム暦（ヒジュラ暦）　啓示　斎戒　断食　ラマダーン
【解説】 イスラム暦とはメッカからメディナへの聖遷（ヒジュラ）を元年とする完全太陰暦です。そのため、一年は365日ではなく354日であり、どの月がどの季節にあたるのかは一定していません。ラマダーン月は9番目の月ですが、9月だからといって日本のように秋ということにはなりません。ラマダーン月はムハンマドに初めて啓示が降りた月、彼が預言者として選ばれた月という意味で聖なる月であり、日の出から日の入りまでの断食は斎戒の目的で行なわれます。
　全部で12あるイスラム暦の月にはすべて名前がついていますが、それらはイスラム以前にアラビア半島で使われていた暦のものを継承しています。「ラマダーン」というのはアラビア語で「灼熱」を意味し、イスラム以前の暦ではラマダーン月が常に夏であったこと、つまり月と季節が一致していたことがわかります。

【問33】

米国で展開した宗教の説明として適切なものを、次から1つ選びなさい。

ア　米国では信教の自由が認められているので、末日聖徒イエス・キリスト教会（モルモン教）は迫害を受けることなくユタ州に本部を構えることができた。

イ　キリスト教科学（クリスチャン・サイエンス）は教義に基づき輸血拒否をするので、それがもとで社会問題が生じることがある。

ウ　エホバの証人はものみの塔ともよばれる。徴兵拒否や体育の授業で格技を拒否することなどで知られている。

【問34】

ラテンアメリカの宗教について適切に記述したものを、次から1つ選びなさい。

ア　アメリカ合衆国に近いカリブ海の国々は、いずれもプロテスタント教会が多数派を占める。

イ　ラテンアメリカでは全体としてカトリック信者が最も多い。これは16世紀以降、この地でスペイン、ポルトガル両国による植民地化が進んだ頃、カトリックの修道会が競うように宣教活動を行なったからである。

ウ　20世紀後半にはラテンアメリカに「解放の神学」が広まったが、これはプロテスタントの牧師たちが中心になって繰り広げたものであった。

【問33】
［正解］ ウ
［キーワード］ エホバの証人（ものみの塔） キリスト教科学 徴兵拒否 末日聖徒イエス・キリスト教会 輸血拒否
【解説】 現代アメリカ社会の宗教事情についてある程度の知見を得ることは、日本で暮らす人々にとっても重要です。とくに、エホバの証人や末日聖徒イエス・キリスト教会の活動は、日本国内でもかなり活発に行なわれています。エホバの証人の活動は、しばしばその輸血拒否や徴兵拒否の姿勢とともに紹介されます。

【問34】
［正解］ イ
［キーワード］ 解放の神学
【解説】 メキシコをはじめ中南米ではカトリックの信者の割合が高いものの、米国の福音派プロテスタントの流入に伴い、プロテスタント諸派の信者が増え、アジアからの移民労働者の増加で仏教・ヒンドゥー教などの宗教の信徒が増えています。カリブ海の国々はかつてスペインなどの植民地であったことからカトリックの信者が多いです。社会問題に対する関心から生まれた「解放の神学」の中心となったのは、南米のカトリックの司祭たちでした。

【問35】

ユダヤ教の食物規定に関する記述として、適切なものを次から1つ選びなさい。

ア　ユダヤ教では肉とミルクを同時に摂取することが禁じられており、チーズバーガーもそれに含まれる。

イ　ユダヤ教では牛は神聖な動物と考えられているので、牛肉を食べるのは禁じられている。

ウ　ユダヤ教では魚介類に関する禁忌はないので、鮨を食べることに問題はない。

【問36】

ユダヤ教の安息日に関して適切に記述しているものを、次から1つ選びなさい。

ア　金曜日が安息日になっており、この日には羊を殺して神に捧げることになっている。

イ　安息日は金曜の夕方から土曜日の夕方までで、その間は仕事をしてはいけないことになっている。

ウ　安息日は日曜日の日の出から日没までなので、家族で車に乗って遠くに遊びに行く人が多い。

【問35】

［正解］　ア

［キーワード］　カシュルート　タブー　『ヘブライ語聖書（旧約聖書）』

【解説】　ユダヤ教では日常生活において清浄規定を守ることが重視されます。食物に関する清浄規定はヘブライ語で「カシュルート」と言われ、その内容は『ヘブライ語聖書（旧約聖書）』の「レビ記」や「申命記」などに依拠しています。代表的なものに血の摂取の禁止、肉とミルクを一緒に調理することの禁止などがあり、食用が許される肉類はひづめが割れて反芻する動物です。牛や羊はこれに当たるので食べてもいいですが、豚は反芻せず、ラクダは蹄が分かれていないように見えるので、食べてはいけません。魚介類はウロコとヒレのある魚に限られます。

【問36】

［正解］　イ

［キーワード］　安息日　宗教暦　「創世記」

【解説】　ユダヤ教の安息日は「土曜日」ですが、日本の曜日感覚からすると金曜日の日没から土曜日の日没までに当たります。「創世記」に「夕べがあり朝があった」と記されていることから、ユダヤ教では1日は日没から始まり日没で終わると考えるためです。安息日は神が6日間の天地創造を終えた後に休息した聖なる日であることから、一切の労働が禁じられています。敬虔なユダヤ教徒は、車の運転や電化製品のスイッチを入れることも避けます。安息日は神を思い祈るだけでなく、親族や親しい友人を家に招いて食事をし、会話や歌などを楽しむ日でもあります。ユダヤ教はシナゴーグ（会堂）だけでなく、このように家庭や共同体を通じても継承されています。

《テーマ別》

【問37】

宗教文化の問題が関わってきそうな事業を国外でやることになった会社が、大学でその国の主たる宗教に関することを学んだ社員を派遣するとして、まずは妥当と考えられるものを次から1つ選びなさい。

ア 南アフリカに社員を派遣するとき、学生時代にイスラム教について学んだ社員を選ぶ。

イ イスラエルに社員を派遣するとき、学生時代にユダヤ教について学んだ社員を選ぶ。

ウ ミャンマーに社員を派遣するとき、学生時代にヒンドゥー教について学んだ社員を選ぶ。

【問38】

世界の各宗教にみられる世界観や人間観の説明として適切なものを、次から1つ選びなさい。

ア インド宗教には輪廻という考えがあるが、これは人間が死んだらまた必ず人間として生まれ変わるというものである。

イ イスラム教では預言者という存在を認めており、イエス・キリストも預言者の1人とされている。

ウ キリスト教においては、地獄に落ちた者も、子孫によって教会で熱心に供養してもらえば、天国に行けるようになると考えられている。

《テーマ別》

【問37】

［正解］ イ

［キーワード］ アフリカの宗教　宗教人口　中東の宗教
東南アジアの宗教

【解説】 宗教は生活習慣と密接に結びついているため、世界の宗教分布をおおまかにでも把握して、世界各国の宗教人口の傾向を知っておくといいでしょう。キリスト教はヨーロッパや北米以外では、中南米、アフリカの中部から南部に多いです。イスラム教は中東を中心に北アフリカと中央アジア、東南アジアへ広がっています。ヒンドゥー教は南アジア、とくにインド、ネパールなどに多いです。イスラエルはユダヤ人が多数派の国家です。東南アジアは宗教的に複雑な構成になっているので、国別に主要な宗教が何であるか把握する必要があります。

【問38】

［正解］ イ

［キーワード］ 創造神　天国　預言者　輪廻

【解説】 それぞれの宗教文化の中にある世界観・人間観は科学的に実証できなくても、人間の考え方や行動に大きな影響を与えます。輪廻転生は生前の業（カルマ）に従って次の存在が決まるという考えで、人間が動植物にも生まれ変わりうることを説きます。アブラハムの宗教といわれるユダヤ教、キリスト教、イスラム教では、創造神によって人間が他の生き物とは区別された存在として作られたことを教えます。キリスト教ではイエスを神の子としてとらえますが、イスラム教はイエスを預言者の1人としてとらえます。

【問39】

宗教の創始者に由来するとされている言葉のうち、イエス・キリストの言葉とされているものを、次から1つ選びなさい。

ア 「もし、だれかがあなたの右の頬を打つなら、ほかの頬をも向けてやりなさい。」

イ 「天上天下、唯我独尊。」

ウ 「己の欲せざるところ、人に施すことなかれ。」

【問40】

宗教の創始者に由来するとされている言葉のうち、ブッダの言葉とされているものを、次から1つ選びなさい。

ア 「汝らに禁じ給うた食べ物といえば、死肉、血、豚の肉、…。」

イ 「すべての現象はうつろいゆく。おこたらずに精進せよ。」

ウ 「学びて思わざればすなわちくらし。」

【問39】

［正解］　ア

［キーワード］　イエス・キリスト　孔子　ブッダ　『論語』

【解説】　選択肢の「ア」は『新約聖書』の中の「マタイによる福音書」第5章に出てくる、イエスが語ったとされる言葉です。直前に「『目には目を、歯には歯を』と命じられている」としたうえで、それを否定する教えを説いています。

「イ」は、ブッダが生まれてすぐに7歩あるいて右手を上げ、この句を述べたと伝えられています。元来は別の仏が説いたとされていましたが、後にブッダ自身が唱えたと信じられるようになった言葉です。

「ウ」は、孔子の言葉を集めた『論語』の中に出てくる言葉です。ちなみに「マタイによる福音書」には、「己の欲するところを人に施せ」とあります。

【問40】

［正解］　イ

［キーワード］　『コーラン』　諸行無常　ハラーム

【解説】　イスラム教徒が豚肉を食べてはいけないことはよく知られていますが、その根拠となるのが『コーラン』の第2章に出てくる解答選択肢「ア」の言葉です。豚肉がなぜ禁忌品（ハラーム）であるのかの理由については書かれていません。

「イ」は、ブッダが亡くなる前に語った言葉とされています。単にすべては無常である（諸行無常）と説いたのではなく、だからこそ努め励みなさいと強調しました。

「ウ」は『論語』の中に出てくる言葉です。ただ教えてもらうだけで自分で考えないのは、本当に身についたものにならないということです。自主的に学び、考えることが重要なのです。

【問41】

日本仏教の僧侶のあり方とアジアの他の国々の僧侶のあり方の比較として適切なものを、次から1つ選びなさい。

ア　日本の僧侶が結婚することはごく普通であるが、上座仏教の国では戒律に反するので考えられないことである。

イ　日本では僧侶の飲酒が戒律で禁じられていないが、上座仏教でも僧侶の飲酒は原則として認められている。ただし、酩酊するほど飲んではいけないことになっている。

ウ　日本の僧侶は一般に肉食を避けないが、上座仏教では肉食は戒律に反するとされ、僧はお布施として肉をもらっても食べない。

【問42】

神話には英雄神話と呼ばれるものがあるが、これについて神話好きの学生たちが会話をしている。適切な内容になっているものを、次から1つ選びなさい。

ア「英雄といえば、ギリシャのホメロスが『イリアス』で描いたトロイア戦争の英雄アキレウスをあげたいね。」

イ「ギリシャ神話であげるなら、『リグ・ヴェーダ』に出てくるインドラも、怪物退治をして人々を救う英雄だよ。」

ウ「怪物退治なら『ギルガメシュ叙事詩』の主人公ギルガメシュがすごい。彼はケルト人の英雄だね。」

【問41】
［正解］ ア
［キーワード］ 飲酒 妻帯 肉食（のタブー）
【解説】 上座仏教において出家者は、200以上の戒から成る具足戒という戒律を守らなくてはなりません。ここに、飲酒や結婚の禁止が含まれています。殺生も禁じられていますが、肉食自体が禁じられているわけではありません。大乗仏教国の日本でも、僧侶の飲酒や結婚は認められていませんでした。さらに肉食も禁止されていましたが、1872年に「今より僧侶の肉食・妻帯・蓄髪は勝手たるべき事」という内容の太政官布告が出され、以後僧侶の肉食、妻帯等が広がりました。とはいえ現在でも、信念に従って戒律を遵守する僧侶は少なくありません。なお浄土真宗は宗祖以来、僧侶の肉食・妻帯を禁じていない宗派です。

【問42】
［正解］ ア
［キーワード］ アキレウス 『イリアス』 インドラ 英雄神話
ギルガメシュ 『リグ・ヴェーダ』
【解説】 英雄の神話はさまざまありますが、もととなっている典拠の特色を踏まえると理解が深まりやすいでしょう。ホメロスの『イリアス』は、トロイア戦争をアキレウスを主人公にして語っています。『リグ・ヴェーダ』は古代インドの聖典で、神々への讃歌を伝えています。その中で最も多くの讃歌が捧げられているのが英雄神インドラです。メソポタミアに残された『ギルガメシュ叙事詩』は、シュメールの王ギルガメシュを主人公としています。粘土板に記されており、洪水神話も含んでいることが注目されてきました。

【問43】

日本国内の聖地や巡礼に関する次の記述のうち、適切なものを1つ選びなさい。

ア　伊勢神宮は世界遺産になっているが、その正式な名称は「神宮」である。

イ　西国三十三所や坂東三十三所は、いずれも観音信仰の霊場である。

ウ　富士山が世界遺産になったのを記念して、頂上に新たに神社が建てられた。

【問44】

次の(A)～(C)の写真は世界遺産になっている宗教関係の建物である。それぞれに関係する宗教と建物について適切に説明してあるものを、次から1つ選びなさい。

(A)　(B)　(C)

ア　(A)は厳島神社の鳥居であるが、この鳥居は引き潮の時でも海中に立っている。

イ　(B)は東大寺の大仏殿であるが、中には巨大な阿弥陀如来像が安置されている。

ウ　(C)はフランスのシャルトル大聖堂であるが、最も美しいゴシック様式の建築の一つといわれている。

【問43】

［正解］ イ

［キーワード］ **観音霊場　神宮　富士山**

【解説】 神宮は特定の神社に与えられる「号」です。伊勢神宮の正式な名称は「神宮」ですが、それ以外では「神宮」が神社の名称として単独に使われることはありません。「神宮」号を名乗れる神社はごく少数で、戦前までは「勅許」が必要でした。観音菩薩は、いろいろな姿をとって人々を苦しみから救ってくれると信じられており、十一面観音、千手観音、馬頭観音など様々な観音が存在しています。富士山八合目以上は、富士山本宮浅間神社の奥宮境内地です。

富士山

【問44】

［正解］ ウ

［キーワード］ **厳島神社　シャルトル大聖堂　東大寺大仏（殿）**

【解説】 厳島神社は海上の守護神として崇敬されている「宗像三女神」を祭神とし、平清盛によって寝殿造りの様式を取り入れた社殿が修造されました。1996年に世界遺産に登録されました。8世紀に建設された東大寺大仏殿は二度の戦火によって焼失し、現在のものは江戸時代に再建されたものです。安置されている大仏は盧舎那(るしゃな)仏（盧遮那仏とも）で、華厳経で説かれる仏です。シャルトル大聖堂は、12世紀から13世紀にかけて建築されたカトリックの聖堂で、美しいステンドグラスが有名です。

厳島神社

シャルトル大聖堂

【問45】

宗教と倫理や道徳あるいは社会規範などとの関わりについての説明として、適切なものを次から1つ選びなさい。

ア　仏教では慈悲を重視し、上座仏教も大乗仏教もともに菩薩行の実践を強調する。

イ　イスラム法には、宗教的行動に関する規範も、日常生活・社会生活に関する規範もある。

ウ『旧約聖書（ヘブライ語聖書）』の「創世記」には、「人類は兄弟であるから、皆仲良くしなさい」という神の命令が最初の方にある。

【問46】

現代宗教の聖職者や宗教的指導者と性別の関わりについて、適切な説明になっているものを、次から1つ選びなさい。

ア　イスラム教において、法学者には男女問わずなれるが、近年では女性の法学者の方が多くなっている。

イ　カトリックにおいて、司祭になれるのは男性だけで、女性はどのような修行をしても司祭にはなれない。

ウ　大乗仏教において、女性は正式な僧侶になれず、住職にもなれない。

【問45】
［正解］ イ
［キーワード］ イスラム法（シャリーア） 「創世記」 道徳 菩薩行 倫理
【解説】 宗教は倫理規範にも大きな影響を与えてきました。上座仏教では出家者が戒律を守って修行生活を送ることが重要視されますが、大乗仏教では慈悲に基づいた菩薩行の実践が強調されます。イスラム法には、単に宗教的行動に関する規範だけではなく、食物に関する戒律など、日常生活に関わってくるような規範も定められています。『旧約聖書（ヘブライ語聖書）』において、神が教えを啓示し、契約を結んだのはイスラエルの民、つまりユダヤ人であり、必ずしも人類一般を直接に問題にしているわけではありません。

【問46】
［正解］ イ
［キーワード］ 司祭 ジェンダー 宗教的指導者 聖職者 僧侶 法学者
【解説】 イスラム教において、法学者は基本的に男性が務めるものとされてきましたが、現代では女性が法学者になることもあります。カトリックにおいて、司祭になれるのは男性だけで、かつ司祭は独身主義を守ることが要求されています。修道女になる女性はいますが、修道女は聖職者には含まれません。また、女性の聖職者を認める可能性について、第266代ローマ教皇フランシスコはあらためて否定的な発言をしました。大乗仏教では、男女ともに正式な僧侶になることができます。

【問47】

現代の日本や世界の葬法に関わる説明として適切なものを、次から1つ選びなさい。

ア　鳥葬と呼ばれる葬法があるが、これは東南アジアの島嶼（とうしょ）部に多く見られるもので、葬式に際して鳥の霊を招いて弔うものである。

イ　樹木葬というのは、近代中国で盛んになったもので、遺体を葬った場所に樹木を植えて目印とするものである。

ウ　イスラム教では中東地域に限らず基本的に土葬である。

【問48】

宗教が関係した事件や紛争に関する説明として適切なものを、次から1つ選びなさい。

ア　インドではヒンドゥー教徒と仏教徒との対立からインディラ・ガンディー首相の暗殺事件が起きた。

イ　アルカイダの指導者であったオサマ・ビン・ラディンは、サウジアラビア出身でスンナ派のイスラム教徒であった。

ウ　1990年代前半のユーゴスラビア紛争はプロテスタント勢力とカトリック勢力が激しく対立したことが引き金になって起こった。

【問47】

［正解］ ウ

［キーワード］ **樹木葬　鳥葬　土葬**

【解説】 鳥葬はチベットなどで行なわれてきたもので、死体を砕いて鳥に食べさせるものです。魂が天にいくようにとの願いがあります。樹木葬は自然葬の一つで、日本において従来の葬法とは違う形の埋葬を願う人が20世紀末から行なうようになったものです。イスラム教では基本的に土葬です。日本も江戸時代までは土葬が主流でしたが、明治時代以降、急速に火葬が広がりました。ただ一部の地域では土葬も可能です。

【問48】

［正解］ イ

［キーワード］ **アルカイダ　ユーゴスラビア紛争**

【解説】 1984年、当時のインド首相インディラ・ガンディーは、インド国内パンジャーブ地方を拠点とするシク教内急進派に対する武力鎮圧を命じます。しかし、その反動として国内にテロ事件が多発し、遂には首相自身が暗殺されるという事態になりました。21世紀になり、2001年9月11日の米国同時多発テロ事件以降、世界の耳目はイスラム過激派の言動に集められています。その焦点となったのがスンナ派（スンニ派とも）主体のテロ組織アルカイダであり、指導者と目されたサウジアラビア出身のオサマ・ビン・ラディンでした。また古くからキリスト教（カトリック・正教）の影響下にあったバルカン半島では、オスマン帝国の支配下に置かれた14世紀から、イスラム教の勢力が拡大してきていました。その結果、旧ユーゴスラビアは「一つの国家、二つの文字、三つの宗教、四つの言語、五つの民族、六つの共和国、七つの国境線」と表現されていたのです。

【問49】

日本では1990年代以降、「カルト問題」に関心を寄せる弁護士や研究者などが増えたが、こうした人たちの間でとくに問題とされている行為について、次から1つ選びなさい。

ア 「この教典を読むと心が穏やかになる」といって、特定の宗教書を勧める行為。

イ 「パワースポットにお参りするとラッキーなことがある」などと、ブームに乗ったようなやり方で、宗教施設への参拝を勧める行為。

ウ 「この印鑑を買わないと恐ろしい災いが降りかかってくる」などと、ことさら恐怖心をあおるようなやり方で高額なものを購入させるような行為。

【問50】

日本の宗教系学校に関する記述として正しいものを、次から1つ選びなさい。

ア 創価学会が設立した学校は小学校から中学校、高校、大学まであるが、大学は東京都にある。

イ 高野山大学は和歌山県にある天台宗系の大学である。

ウ 上智大学は東京都にあるプロテスタント系の大学である。

【問49】
［正解］　ウ
［キーワード］　カルト（問題）　パワースポット　霊感商法
【解説】　日本では1995年3月のオウム真理教による地下鉄サリン事件以後、カルト問題に関心を寄せる研究者、弁護士、ジャーナリストなどが増えました。宗教書を配るのは多くの宗教団体が行なっていることで問題はあるとはされていません。ブームに乗ったような形で宗教施設への参拝を勧めることも問題にされていません。地獄に落ちるとか、災いが起こるなどと心理的に相手を追い込みながら壺などを高く買わせる行為は霊感商法として社会的に批判を浴びました。2018年6月8日には商法・民法の特別法である消費者契約法が改正され、霊感という言葉が法律文でも用いられるようになりました。

【問50】
［正解］　ア
［キーワード］　高野山大学　宗教系学校　上智大学　創価学会
【解説】　日本では、宗派教育を公教育で行なうことはできませんが、私立学校では可能です。現在900を超える宗教系の私立学校があります。その過半数はキリスト教系ですが、仏教、神道、新宗教の学校もあります。高野山大学は、真言宗の宗祖空海（弘法大師）の思想を教育理念に掲げます。密教学科があることなどが特徴です。カトリックの修道会であるイエズス会では、フランシスコ・ザビエルが日本での大学設置を構想していました。そのことを背景に開校されたのが上智大学です。東京都八王子市にある創価大学は創価学会の名誉会長である池田大作によって1971年に創立されています。

中級編

ステップアップ

《日本の宗教》

【問51】

神話に登場する神々や神社の祭神に関連する記述のうち適切なものを、次から1つ選びなさい。

ア　神話に登場する「三貴子」とは、アマテラス・ツキヨミ・スサノオのことを言う。

イ　アマテラスは伊勢神宮、またオオクニヌシは出雲大社以外でまつることは許されていない。

ウ　橿原(かしはら)神宮は神武天皇をまつっており、紀元前に創建されたきわめて古い神社である。

エ　日本神話によれば、初めてこの世にあらわれた神はイザナギとイザナミの二柱とされている。

【問52】

神道にまつわる行事について適切な説明を、次から1つ選びなさい。

ア　それぞれの神社で年に1度、祭神または神社に由緒がある日に行なわれる祭りのことを例祭という。

イ　各地の神社で伝承されてきた神楽は、今日もっぱら国立劇場などで上演されるようになり、神社で奉納されることはなくなった。

ウ　2月最初の午の日に行なわれる初午(はつうま)の行事は、八幡宮とか八幡社と呼ばれる神社に特有のものである。

エ　神社への奉納物を焼く「どんど焼き」と呼ばれる行事は、大晦日に各地で行なわれるものである。

《日本の宗教》

【問51】

［正解］ ア

［キーワード］ **イザナギ・イザナミ　三貴子　日本神話**

【解説】 『古事記』や『日本書紀』には神代についての記載があり、そこから日本の神話の内容をうかがい知ることができます。ただし内容は異なった個所があります。『古事記』と『日本書紀』では最初に登場する神が異なっています。『古事記』では天之御中主神で、『日本書紀』では国常立尊です。しかし、国土や多くの神々を生んだのはいずれもイザナギ・イザナミとなっています。因幡の白兎などの話で知られる出雲神話は『古事記』にのみ記されています。

アマテラス・ツキヨミ・スサノオは、『古事記』ではイザナギの禊によって生まれたとされていますが、『日本書紀』ではイザナギ・イザナミの神生みによって生まれたとされます。とくに尊い神ということで三貴子と言われます。

アマテラスやオオクニヌシをまつった神社は数多くあります。橿原神宮の創建は明治時代です。

【問52】

［正解］ ア

［キーワード］ **神楽　どんど焼き　八幡社　初午　例祭**

【解説】 その神社にとって最も重要な日に行なわれるのが例祭です。しかし人口減少や祭りの担い手となる人の生活の変化などもあり、△月の第○日曜というようにするところも増えています。

神楽は神に奉納される芸能ですので、大きな神社では神楽殿と呼ばれる神楽のための建物を備えているのがふつうで、そこで神楽が舞われたりします。

初午は年中行事の一つで、豊作の祈願などが中心でしたが、現在では商売繁盛などを願うことが多くなっています。稲荷社で行なわれていますが、稲荷社の総本社である伏見稲荷大社の初午は有名です。

どんど焼きは左義長と呼ぶ地方もあります。小正月（1月15日頃）に行なわれるもので、門松など正月の飾り物を焼きます。

【問53】

日本において神道と仏教は歴史的に深い関係をもってきたが、それに関する説明として適切なものを、次から1つ選びなさい。

ア　神道は日本古来の宗教で、人々に深く信仰されていて、仏教から影響を受けたのは鎌倉時代以降である。

イ　日本の仏教寺院は日本の風土に適した建築にしようと、神社建築を大幅に取り入れて、日本独特の建築様式となった。

ウ　明治政府は神仏習合状態を変えようとして神仏分離を行ない、神社と寺院は明確に分けられることになった。

エ　神仏習合状態は長く続いたので、今でも浄土宗や浄土真宗などのお寺では、天照大神を本尊としてまつっているところが多い。

【問54】

明治以降の神道についての適切な説明となっている記述を、次から1つ選びなさい。

ア　明治政府は神道を国教と定め、すべての国民がこれを信仰するように求めて、各家庭に神棚をもうけることを義務づけた。

イ　戦前には神道十三派と呼ばれる教派があり、黒住教、天理教、金光教などはここに含まれていた。

ウ　明治時代に設立された神社本庁は、全国の神社を管理する役をになうこととなった。

エ　第二次大戦後、信教の自由が原則となり、初詣のとき氏神社以外の神社に参拝することも認められるようになった。

【問53】

［正解］ ウ

［キーワード］ **神社建築 神仏習合 神仏分離**

【解説】 神道は古代より仏教から大きな影響を受けてきました。神社の建築様式も仏教の伽藍建築に影響を受けるようになりました。ただ寺院との違いを示すため、瓦を用いないなどの特徴をもっています。神社から仏教寺院の建築様式への影響はほとんどありません。平安時代には神々への信仰と仏への信仰の習合が広く見られるようになりました。本地垂迹（ほんじすいじゃく）説に代表されるような神仏習合が一般的となりました。こうした状態は江戸時代まで続きましたが、明治政府はこうした神仏習合状態を解消しようと神仏分離を行ないました。この結果、神社と寺院、神職と僧侶が明確に区分されました。

現在では仏教寺院における神仏習合的な様相はあまり見られなくなりました。しかし修験道との関係が深い神社や寺院では、神仏習合の考えや儀礼が見いだされます。

【問54】

［正解］ イ

［キーワード］ **神棚 国民教化 神道十三派 神社本庁 初詣**

【解説】 明治政府は当初、神道による国民教化を目指しましたが、神道が国教と定められたわけではなく、また神棚設置が義務づけられたこともありません。ただこの過程で神社神道とは別に神道教派という組織化された神道が明治前期に生まれました。明治政府は日本は政教分離であるという主張との整合性をとるため、神社は宗教ではないと位置づけました。そして、神道的な宗教教化は神道教派によって担われることになりました。神道教派は最終的に十三派が公認されたので、神道十三派という言い方が生まれました。黒住教、金光教、天理教も含まれていました。

神社本庁は、第二次大戦後の1946年、神社の国家管理を禁じた神道指令後の神社の組織化のため、関係者によって設立されたものです。

氏神以外の神社への参拝は戦前からなされていました。初詣に関して戦後注目されるのは、有名な神社仏閣への参拝がいっそう顕著になったことです。

【問55】

人を神としてまつる神社に関する説明として適切なものを、次から1つ選びなさい。

ア　実在の人物をまつる考え方は、神道に由来しないので、神社本庁は認めていない。

イ　明治神宮の祭神は、明治天皇と昭憲皇太后（しょうけんこうたいごう）である。

ウ　織田信長は京都の平安神宮、豊臣秀吉は同じく豊国（とよくに）神社、徳川家康は日光東照宮でまつられている。

エ　靖国神社は戦没者を慰霊するため、第二次世界大戦後、創建された。

【問56】

神道には祝詞（のりと）と呼ばれるものがあるが、これについての説明として適切なものを、次から1つ選びなさい。

ア　神社に参拝に来た人が、神社の前で神に向かって願い事を唱えるときの言葉のことである。

イ　お祭りが終わったあとに、直会（なおらい）と呼ばれる飲食の場があるが、このときの来賓のスピーチのことである。

ウ　祝詞はどのようなときにも、読み上げられる内容はまったく同じである。

エ　神社での例祭や地鎮祭などのときに、神職が読みあげるものである。

【問55】
［正解］ イ
［キーワード］ 日光東照宮 人をまつる神社 明治神宮 靖国神社
【解説】 実在した人物を神としてまつっている神社は少なくありませんし、神社本庁もそうしたことを認めています。正月三が日に300万人以上が初詣をするとされている明治神宮の祭神は明治天皇とその后であった昭憲皇太后です。

戦国武将を神としてまつる神社としては、豊臣秀吉をまつる豊国神社、徳川家康をまつる日光東照宮が有名です。豊国神社は「ほうこくさん」とも呼ばれます。織田信長をまつるのは建勲神社であり、平安神宮ではありません。明治初めに創建された靖国神社は戊辰戦争以来の戦死者などをまつっており、その数は240万柱以上にのぼります。この他、西郷隆盛をまつった南洲神社、東郷平八郎をまつった東郷神社や乃木希典をまつった乃木神社などが近代に創建されました。

日光東照宮

【問56】
［正解］ エ
［キーワード］ 正式参拝 地鎮祭 直会 祝詞 例祭
【解説】 各神社の重要な祭りである例祭、建築に際して行なわれる地鎮祭など、神職が儀礼の際に神に唱えるものは祝詞（のりと）と呼ばれています。正式参拝といって神殿にあがってお祓いをしてもらった場合は、神職が祈願に応じた祝詞を唱えるのがふつうです。祭りによって祝詞文の内容が決まっているものもありますが、地鎮祭や神葬祭など、個別の依頼によってなされる祭りの場合には、依頼者の事情を聞いた上で、それに応じた内容の祝詞が読み上げられます。直会は祭りの後の会食の場ですが、このときのスピーチは祝詞ではありません。

【問57】

日本の祭りについて説明している次の発言の中から、適切なものを1つ選びなさい。

ア「京都の祇園祭は、祇園精舎（しょうじゃ）に由来する仏教の儀礼で、夏の京都を代表するお祭りです。」

イ「出雲では旧暦10月に全国から神が集まるという神在祭があります。そのため出雲では神無月と言わず神在月と言います。」

ウ「神社のお祭りではよくお神輿が出ますが、これをかつげるのはその神社の氏子で男性に限られています。」

エ「節分のときには、多くの社寺で豆まきが行なわれますが、これは明治以降に広まった新しい祭りです。」

【問58】

日本に住んでいる外国人が、明治維新以降に創建された新しい神社を見たいと言ってきた。紹介として適切なものを次から1つ選びなさい。

ア「九州には近代にできた神社がいくつかあります。太宰府天満宮はその代表的な神社ですから、ぜひ行ってみてください。」

イ「京都の神社には古いものが多いですが、伏見稲荷大社は戦後できた新しい神社ですから、おすすめです。外国人観光客も多いですよ。」

ウ「東京や京都には近代にできた神社はないので、新幹線で名古屋の熱田神宮に行けばいいですよ。」

エ「東京にある靖国神社は明治時代にできた神社ですから、そこはどうですか。」

【問57】
［正解］　イ
［キーワード］　神輿　神在月（かみありづき）　祇園祭　節分
【解説】　祇園の名は八坂神社の旧称祇園社に由来するもので、祇園祭と祇園精舎との直接的関係はありません。神在月という言葉、そしてこの月に出雲に神が集まるとの理解は、中世中ごろの歌学書や辞書に表れます。神社の祭りは神職や氏子が中心になって行なわれることが多いですが、お神輿をかつぐ人が減少したこともあり、氏子以外の人が加わることもあります。また女性がかつぐ例も増えています。節分は平安時代に宮中で行なわれた追儺の儀式に由来します。追儺は鬼やらいとも呼ばれ、本来年越し行事でした。

【問58】
［正解］　エ
［キーワード］　熱田神宮　太宰府天満宮　伏見稲荷大社　靖国神社
【解説】　神社は、古代から各地に創建され、近代になって新たに創建されたものもあります。京都府にある伏見稲荷大社、愛知県にある熱田神宮は古代に創建された神社です。菅原道真をまつる福岡県の太宰府天満宮の創建は平安時代です。東京都にある靖国神社は明治初期の創建です。そのほか近代になってからできた神社としては桓武天皇をまつる平安神宮、神武天皇をまつる橿原神宮、西郷隆盛をまつった南洲神社、東郷平八郎をまつった東郷神社や乃木希典をまつった乃木神社などがあります。

【問59】

日本に住んでいる外国人から「日本人の宗教は何ですか?」と聞かれた場合の説明として適切なものを、次から1つ選びなさい。

ア「日本人は、基本的に全員、神道の氏子（信者）と考えてよいでしょう。」

イ「日本人の約7割は初詣に行くという統計がありますが、信仰をもっているかという質問になると、YESと答える人の方が少なくなります。」

ウ「日本人のほとんどは無神論者です。これは世界でもめずらしいことです。」

エ「一番多いのは自分が神道の信者であるという人で、次が仏教徒だという人です。キリスト教を信じているという人も1割くらいいます。」

【問60】

特色のある神社を訪れたいという外国人の希望に沿ったものとして適切なものを、次から1つ選びなさい。

ア 世界遺産に登録されている神社を訪れたいという希望であったので、広島県の厳島神社を見学対象とした。

イ 酒の神にゆかりのある京都の神社を訪れたいという希望であったので、平安神宮と石清水（いわしみず）八幡宮を見学対象とした。

ウ 古代に創祀された規模の大きな神社を訪れたいという希望であったので、神奈川県の鶴岡八幡宮と愛知県の熱田神宮を見学対象とした。

エ 武将を神としてまつった神社を訪れたいという希望であったので、東京都の明治神宮、栃木県の日光東照宮を見学対象とした。

【問59】

［正解］ イ

［キーワード］ **氏子　崇敬者　無神論**

【解説】 神社側はその地域に住んでいる人を氏子とみなしますが、実際に氏子という意識をもっている人は一部です。その神社の管轄する地域以外で崇敬する人は崇敬者と呼ばれるのが一般的です。社寺など宗教施設への参詣や、初詣等の宗教的行事の実践は広く行なわれていますが、新聞社等が行なう意識調査では、自覚的な信仰をもつ日本人は2 ～ 3割という数値になります。初詣には7割ほどの日本人が行くと推定されるので、自覚的な信仰がない人たちをそのまま無神論者とは見なせません。意識調査で自分が神道の信者だと答える人は数%程度です。仏教徒と答える人の方が多いです。キリスト教の信者は1%程度です。

【問60】

［正解］ ア

［キーワード］ **熱田神宮　厳島神社　石清水八幡宮　鶴岡八幡宮　日光東照宮　平安神宮　明治神宮**

【解説】 厳島神社は1996年に世界遺産に登録されました。平安神宮は桓武天皇を祭神として明治時代に創建され、石清水八幡宮は八幡神をまつっていますが、酒の神ではありません。酒の神をまつった神社としては、奈良の大神（おおみわ）神社、京都の梅宮神社、松尾（まつのお）神社が有名です。熱田神宮は古代の創建ですが、鶴岡八幡宮は12世紀の創建です。日光東照宮は徳川家康をまつっているので、武将が祭神と言えますが、明治神宮は明治天皇と昭憲皇太后をまつった神社です。

【問61】
日本における仏教行事についての一般的な説明と言えるものを、次から1つ選びなさい。

ア 「降誕会(ごうたんえ)というのは花祭の名前で親しまれていますが、お釈迦様の誕生日（4月8日）を祝うものです。」

イ 「12月8日は成道会(じょうどうえ)と呼ばれていますが、お釈迦様が亡くなられた日に行なわれる行事です。」

ウ 「彼岸会は春分の日と秋分の日を中日として、その前後7日間にわたって行なう行事ですが、聖徳太子の霊を慰めるために行なわれたのが始まりです。」

エ 「除夜の鐘は大晦日に煩悩を祓うために撞くとされますが、この行事は太陽暦が導入された明治期に始まったものです。」

【問62】
インドからの留学生が日本の仏教寺院で仏像を見て次のようなことを言ったが、事実として適切なものを1つ選びなさい。

ア 「韋駄天(いだてん)はインドのハヌマーン神に由来しているのだよ。」

イ 「弁財天（弁才天）はインドのサラスヴァティー神に由来しているのだよ。」

ウ 「大黒天はインドのヴィシュヌ神に由来しているのだよ。」

エ 「梵天はインドのシヴァ神に由来しているのだよ。」

【問61】

［正解］ ア

［キーワード］ **降誕会 成道会 除夜の鐘 花祭 彼岸会**

【解説】 降誕会はブッダの生誕を祝うものです。日本では4月8日に行なわれます。成道会はブッダが悟りを開いた日に行なわれる行事です。上座仏教ではウェーサーカ月の満月の日に行なわれます。ブッダは一般には尊敬の意味を込めて「お釈迦様」と言われたりします。「釈尊」（釈迦族の尊者という意味）も同様です。春秋の彼岸会には、先祖の霊を慰めるために墓参りなどが行なわれます。年末年始に除夜の鐘を撞く行事は宋代に起こり、禅宗とともに鎌倉時代に日本に伝わったとされています。

【問62】

［正解］ イ

［キーワード］ **韋駄天 ヴィシュヌ サラスヴァティー シヴァ 大黒天 ハヌマーン 弁財天 梵天**

【解説】 仏像の中には、仏教の守護者として、ヒンドゥー教の神々を由来とするものが含まれます。韋駄天はシヴァ神の息子スカンダ（クマーラ）神に由来し、大黒天はシヴァ神の異名マカカーラ（大暗黒天）に、梵天はブラフマー神に由来します。スカンダは非常に足が速いことで知られ、「韋駄天のごとく走る」という表現はここから来ています。

【問63】

日本の仏教は多様な宗派を形成し現代に至っているが、各宗派の形成過程として適切なものを、次から1つ選びなさい。

ア　天台宗の比叡山延暦寺で学んだ日蓮は、後に日蓮宗の開祖となった。

イ　日蓮宗の身延山久遠寺（くおんじ）で学んだ道元は、その後中国に渡り、帰国してから曹洞宗の開祖となった。

ウ　浄土宗の法然のもとで学んだ親鸞は、その後中国に渡り、浄土宗の経典を持ち帰って浄土真宗の開祖となった。

エ　平安時代に設立された遊行寺（ゆぎょうじ）で修行し、多くの密教経典を学んだ空海は、後に真言宗の開祖となった。

【問64】

日本仏教の各宗派の宗祖とその宗派の唱え言葉に関する説明として適切なものを、次から1つ選びなさい。

ア　真言宗は空海が宗祖で、唱える言葉は「南無宗祖根本伝教大師福聚金剛」である。

イ　天台宗は最澄が宗祖で、唱える言葉は「南無大師遍照金剛」である。

ウ　浄土宗は法然が宗祖で、唱える言葉は「南無阿弥陀仏」である。

エ　曹洞宗は栄西が宗祖で、唱える言葉は「南無釈迦牟尼」である。

【問63】

［正解］　ア

［キーワード］　**空海　親鸞　道元　日蓮　比叡山延暦寺　法然**
身延山久遠寺　遊行寺

【解説】　曹洞宗の開祖である道元が学んだのは、日蓮と同様に比叡山延暦寺です。栄西や道元は中国で禅を学びましたが、法然や親鸞は中国には渡っていません。遊行寺（清浄光寺）は時宗の総本山です。時宗は浄土系であり、密教である真言宗とは異なります。

【問64】

［正解］　ウ

［キーワード］　**真言宗　浄土宗　曹洞宗　天台宗　唱え言葉**

【解説】　伝教大師は最澄の大師号であり、「南無宗祖根本伝教大師福聚金剛」は天台宗で唱えられます。真言宗では、「南無大師遍照金剛」と唱えられますが、この大師は弘法大師空海のことです。曹洞宗も臨済宗も禅宗ですが、曹洞宗の開祖は道元で、臨済宗の開祖は栄西です。

【問65】

檀家制度の説明として適切なものを、次から1つ選びなさい。

ア　檀家制度は寺院（檀那寺）と信者の家（檀家）が代々、葬祭を行なう関係を取り結んだ社会制度のことで、江戸初期に始まった。檀家は希望する寺院に所属することができ、宗派の変更もできた。

イ　檀家制度によって、すべての家が寺院の檀家となり、葬式や先祖供養が寺院に独占された。寺院は宗門人別改帳を通じて、戸籍管理の役割も務めるようになった。

ウ　檀家制度は明治維新後も継続していたが、1889年の大日本帝国憲法の公布によって制度上廃止された。

エ　檀家制度の慣習は第二次世界大戦後も存続しており、現在でも檀家は檀那寺以外の寺院で葬式を挙げることはできない。

【問66】

仏教が日本の宗教思想に与えた影響に関する説明として適切なものを、次から1つ選びなさい。

ア　本地垂迹（ほんじすいじゃく）とは、神仏習合に関する説であり、日本の神々は仏や菩薩が衆生を救済するために姿を変えて現れたものだという考え方である。

イ　鎮護国家とは国家によって仏教が守られなければならないという思想で、とくに鎌倉時代以降の武家政権はこれを重視してきた。

ウ　本覚思想とは真言宗の密教経典にみられる思想のことで、現実のすべてを否定し、出家することを最も尊ぶ思想である。

エ　浄土思想とは、善き行ないを積むことで、死後天国に生まれ変わることを願う信仰を意味する。

【問65】
［正解］ イ
［キーワード］ 宗門人別改帳 先祖供養 葬式 檀家制度 明治維新
【解説】 檀家制度は寺檀制度、寺請制度などとも言い、江戸時代に始まりました。特定の寺院が特定の家の葬祭を担当し、その家から布施を受ける制度であり、その家のことを檀家と呼びます。檀家と寺の関係は家単位で決められ、原則的に変更することはできませんでした。幕府は宗門人別改帳（宗旨人別帳とも）を作成して寺と檀家の関係を記録し、キリシタンではないことを証明させると同時に、戸籍のように用いました。明治初期に戸籍制度が定められて宗門人別改帳は廃止されましたが、その後も現在に至るまで寺と檀家の関係は残っています。戦後は信教の自由が憲法によって保障されており、檀那寺以外の寺院で葬式をすることができないということはありません。

【問66】
［正解］ ア
［キーワード］ 浄土思想 神仏習合 鎮護国家 本覚思想 本地垂迹
【解説】 鎮護国家は奈良時代に広まった考えで、当初から仏教は国家的な益を得るものとして理解されていました。仏教が受容されて以来、神仏習合はいろいろな形をとって展開します。神社に付属する寺院である神宮寺（神願寺、神護寺ともいう）ができたり、神の前でお経を読む神前読経がなされたりした時期もあります。本地垂迹説は9世紀から10世紀にかけて広がっていき、神仏習合の完成形ともみなされます。神と仏の関係を仏が本地で神が垂迹という形にし、両者の調和を図っています。平安時代末に、教えは残っていても正しい修行も悟りもできない末法の世に入ったとされ、死後浄土に生まれ変わって修行をし、悟りを得ようという浄土思想が広まりました。また人は本来仏になるための仏性を備えているという本覚思想も唱えられました。

【問67】

日本仏教についての知識が少ない中国からの留学生に対して、日本仏教の特徴を説明するのに適切なものを、次から1つ選びなさい。

ア「日本の僧侶は葬式を執り行ないますが、これは第二次世界大戦後から一般的になったことです。」

イ「日本の仏教は、中国と同じく仏教の大きな流れでいえば大乗仏教の系統に属します。」

ウ「日本の仏教の伝統的宗派には、天台宗、浄土宗、曹洞宗といった8宗があります。」

エ「日本の僧侶は、中国と同じく必ず髪を剃らなくてはいけないことになっています。」

【問68】

ある旅行会社が有名な神社や寺院に関する説明を作っているところである。このうち適切なものを次から1つ選びなさい。

ア「日光東照宮は、徳川三代将軍徳川家光公を御祭神におまつりした神社です。」

イ「東大寺は、聖武天皇が盧舎那(るしゃな)大仏造立の勅願を発布し、国全体をまもる寺として造営されました。」

ウ「比叡山延暦寺は、真言宗の開祖空海が、鎮護国家のために開創した寺院です。」

エ「唐招提寺は、戒律を学ぶ人たちのための修行の道場として、多くの苦難の末に来日した行基によって開かれました。」

【問67】

［正解］　イ

［キーワード］　**葬式　檀家制度**

【解説】　日本の仏教はインドからシルクロード、中国、朝鮮半島を経て日本にもたらされたもので、北伝仏教、あるいは大乗仏教と呼ばれる系統に属します。伝統的宗派には13宗あり、中には天台宗や浄土宗のように中国の宗派の影響によって形成されたものもありますが、現在ではそれらと直接的な関係はありません。僧侶による葬式は江戸時代に定められた檀家制度の下で一般化しました。僧侶の蓄髪について、浄土真宗はもともとこれを認めていましたが、明治政府が布告を出してから他宗派の僧侶にもそれらが公に認められるようになりました。

【問68】

［正解］　イ

［キーワード］　**行基　聖武天皇　唐招提寺　東大寺　東大寺大仏(殿)　日光東照宮　比叡山延暦寺**

【解説】　日光東照宮は徳川家康をまつっています。東大寺は聖武天皇が大仏造立の詔（勅願）を発したことにより建立されました。本尊は盧舎那仏です。比叡山延暦寺は天台宗の最澄により開かれた寺院です。奈良市にある唐招提寺は唐から渡ってきた鑑真により建立された寺院で律宗の総本山です。唐招提寺の本尊も盧舎那仏です。

【問69】

日本仏教と美術の関わりについて適切なものを、次から1つ選びなさい。

ア　興福寺の阿修羅像は仏教を守る八部衆の1つを表わしたものであり、鎌倉仏教を代表する仏像である。

イ　本尊の左右に荘厳な胎蔵界曼荼羅（まんだら）と金剛界曼荼羅をかけるのは浄土系寺院の特徴である。

ウ　日本の仏像は如来、菩薩、明王（みょうおう）、天部（てんぶ）などに大別されるが、すでに悟りを得た仏である如来の像は、他の像に比べてはるかに多様な装飾品や持ち物があるのが特徴的である。

エ　「十牛図」は、修行者を牧人、悟りを牛になぞらえて、10の図が描かれたものであるが、仏道修行の過程を表わしたものである。

【問70】

仏教の葬式に参加することになったキリスト教圏の外国人に対する事前の説明として、適切なものを、次から1つ選びなさい。

ア「お坊さんはきっと袈裟と呼ばれる衣を身に着けていると思います。これはもともとインドで考えられたお坊さん用の質素な衣でしたが、日本にはかなり華美なものがあります。」

イ「参列者の中には数珠を持っている人が多いと思いますが、これは死者からの悪い影響（ケガレ）を避けるためのお守りです。」

ウ「立派なお坊さんにありがたいお経を読んでもらうことで、参列者の方々は『これで故人は天国に行ける』と信じるのです。」

エ「儀礼の後に僧侶にお布施と呼ばれるお金が渡されますが、各仏教宗派では、これを一定の時間をかけて宗教的なサービスを行なったことに対する対価として理解するのが一般的です。」

【問69】

［正解］　エ

［キーワード］　阿修羅　興福寺　十牛図　天部　如来　八部衆　菩薩　曼荼羅　明王

【解説】　興福寺の阿修羅像は奈良時代に作られたものです。密教系寺院では本尊の右に胎蔵界、左に金剛界の両界曼荼羅をかけ、修法に用います。日本の仏像は如来、菩薩、明王（みょうおう）、天部（てんぶ）などに大別できますが、すでに悟りを得た仏である如来の像は、一般に質素な法衣に身を包み装飾が少ないです。牛の絵を用いて仏道修行の過程を描いたのが十牛図ですが、仏教美術にもなっています。

【問70】

［正解］　ア

［キーワード］　布施　袈裟　数珠　天国

【解説】　僧侶が身に着けるものは、それぞれの意味をもっていますが、古代から一貫しているわけではありません。日本では袈裟はかなり華美なものがありますが、インドの原始仏教においては、人が使うのを嫌がるような布（糞掃衣（ふんぞうえ））を用いるように教えられていました。数珠は仏前で念仏を唱えたり、合掌礼拝したりするときに用います。数を数えるときに用いる場合もあります。日本の仏教では宗派によってその形状や使用法は異なっています。お布施について仏教宗派は、儀礼への対価とはみなしていません。

【問71】
日本のキリスト教に関する説明として適切なものを、次から1つ選びなさい。

ア　フランシスコ・ザビエルは日本にはじめてキリスト教をもたらしたが、彼の布教活動により九州から北海道まで多くのキリスト教会が形成された。

イ　島原・天草一揆で戦った天草四郎は、その功績のゆえに、カトリック教会から聖人の称号を与えられた。

ウ　内村鑑三は札幌農学校時代にクラーク博士の影響からキリスト教に傾倒し、熱心なカトリックの信者となった。

エ　日本政府は「長崎の教会群とキリスト教関連遺産」を2015年1月にユネスコの世界遺産に推薦することを決定した。

【問72】
近現代日本のキリスト教に関する次の記述のうち、適切なものを1つ選びなさい。

ア　現在日本にあるプロテスタント教派の本格的な活動は明治以降である。

イ　東京の神田にある有名な東京復活大聖堂（通称ニコライ堂）は、幕末にロシアからやって来たニコライにちなむ教会で、現在は東方正教会に属する。

ウ　日本人でカトリックの修道女になる人はいるが、プロテスタントの牧師になった女性はいない。

エ　日本にあるキリスト教系の学校（小学校以上）の数は、カトリック系とプロテスタント系を合わせても仏教系の学校の数に及ばない。

【問71】

［正解］　エ

［キーワード］　カトリック　長崎のキリスト教

【解説】　1549年に来日したイエズス会のフランシスコ・ザビエルによりキリスト教（カトリック）が日本に伝えられましたが、当時のイエズス会の活動範囲に北海道は含まれていません。

1637年から38年にかけて起こった島原・天草一揆を指導したとされる天草四郎は当時10代後半の少年でしたが、死後も聖人とはされていません。武器をとって抵抗したものは、殉教者に含まれないのです。内村鑑三はプロテスタントの一派のメソジスト派で洗礼を受けました。

歴史的に長崎はキリスト教との関わりが深く、「長崎の教会群とキリスト教関連遺産」は大浦天主堂をはじめとする、主にカトリック教会関係の遺産です。2015年1月、日本政府はこれらを世界遺産とすべくユネスコに対して推薦しましたが、2016年、推薦をいったん取り下げました。その後2018年に「長崎と天草地方の潜伏キリシタン関連遺産」が改めて推薦され、世界遺産に登録されました。

長崎の教会群と
キリスト教関連遺産

【問72】

［正解］　イ

［キーワード］　ニコライ堂　ハリストス正教会　　日本正教会

【解説】　プロテスタント諸教派の宣教は幕末にはじまり、明治になって本格化しました。幕末明治にはロシア正教も日本に入り、ニコライは神田駿河台にて布教に努めました。現在は日本正教会（ハリストス正教会）として東方正教会に属しています。カトリックの修道者やプロテスタントの牧師となるのは男女とも認められますが、カトリックの司祭は男性限定となります。

日本ではカトリック、プロテスタントともに多くの学校を設立しています。国学院大学日本文化研究所編『宗教教育資料集』（鈴木出版、1993年）によれば、キリスト教系の学校は宗教系学校の全体の約3分の2を占めます。

【問73】

学生たちが日本のキリスト教について話をしているが、適切に理解しているとみなせるものを、次から1つ選びなさい。

ア 「カトリック教会によって正式に聖人と認められた日本人はまだいないのだよね。」

イ 「日本聖公会には女性の司祭もいるそうだよ。」

ウ 「ホスピス・ケアを先駆的にはじめた淀川キリスト教病院はカトリック系の病院だってね。」

エ 「世界遺産に登録された富岡製糸場の敷地内にはキリスト教会もあるので、登録の際はそれが考慮されたみたいだよ。」

【問74】

日本のキリスト教に関する記述として適切なものを、次から1つ選びなさい。

ア 新島襄が留学先の米国で洗礼を受けて宣教師となり、帰国してから設立したのが現在の大谷大学である。

イ 国際基督教大学（ICU）は、第二次大戦後、超教派のキリスト教主義の大学として設立された。

ウ 作家の遠藤周作は、上智大学でプロテスタントの牧師に出会い洗礼を受けたが、その信仰的観点から『沈黙』などの日本のキリスト教を題材とした小説を著した。

エ 名古屋にある南山大学は、カトリックの修道会の一つである「ドミニコ会」を母体とする大学である。

【問73】
［正解］　イ
［キーワード］　聖人　チャプレン　日本聖公会
【解説】　カトリック教会、東方正教会では殉教者や、特別に信仰と徳に秀でたものを聖人とし、崇敬の対象としています。ルター派、聖公会など一部のプロテスタント系教派でも聖人が崇敬されています。「日本26聖人」、「聖トマス西と15殉教者」には、日本生まれの聖人が含まれています。
　日本聖公会は英国国教会（イギリス国教会、アングリカン・チャーチ）により創立された教会です。女性の司祭もいます。
　淀川キリスト教病院はプロテスタント系の病院です。医療的なケアだけでなく、チャプレン（病院、学校等教会以外の施設で活動する聖職者）による祈りやカウンセリング等宗教的なケアが実施されています。富岡製糸場の世界遺産登録とキリスト教とは関係がありません。

【問74】
［正解］　イ
［キーワード］　修道会　ミッション・スクール　新島襄　遠藤周作
【解説】　新島襄は同志社大学の創立者で、プロテスタント・キリスト教の会衆派、のちの日本組合教会に所属していました。
　国際基督教大学（ICU）は1953年に設立されたプロテスタント系・超教派のキリスト教大学です。
　遠藤周作は代表的なカトリック作家で、上智大学はイエズス会の創立になるカトリック系大学です。南山大学もカトリック系大学であり、上智大学とは「上南戦」とよばれるスポーツ交流・対抗戦も実施していますが、カトリック修道会の一つである神言会により設立されました。

【問75】

近代日本には数多くの新しい宗教教団が形成されたが、これに関して適切な説明を、次から1つ選びなさい。

ア　天理教は、江戸時代末期に女性の教祖によって今の奈良県で創始された。

イ　創価学会は、明治期に組織化された教派神道の1つで、宗教による国家の安定を強く主張する。

ウ　金光教は、浄土真宗の僧侶によって岡山県で創始された仏教系教団の1つである。

エ　大本（おおもと）（教）は、江戸時代の後期に女性の教祖によって京都で創始された。

【問76】

1995年3月にオウム真理教による地下鉄サリン事件が起こったが、これに関して適切な説明を、次から1つ選びなさい。

ア　オウム真理教の教えは独特なものであり、他の宗教からの影響関係は認められない。

イ　オウム真理教は1995年に地下鉄サリン事件を起こして宗教法人の解散を命じられたが、現在もアレフとして活動を続けている。

ウ　教祖の麻原彰晃は2006年に死刑判決が確定し、2010年までに死刑が執行された。

エ　オウム真理教は1995年の事件の前に、アレフとひかりの輪に分裂した。

【問75】
［正解］　ア
［キーワード］　**教派神道　女性教祖　仏教系新宗教**
【解説】　新宗教は創唱者の特異な宗教体験と強い個性によって形成されているので、それぞれの特徴を知ろうとする場合には教祖の生涯について調べることが大事です。また新宗教の教祖には女性教祖が多く含まれます。天理教の中山みきと大本（教）の出口なおは、ともに女性ですがそれぞれの教団が創始された時期は異なります。天理教は幕末、大本は明治期です。新宗教には大きく分けると神道系と仏教系があり、天理教、金光教、大本などは神道系であり、創価学会、立正佼成会などは仏教系に分類されています。

【問76】
［正解］　イ
［キーワード］　**麻原彰晃　オウム真理教　地下鉄サリン事件**
【解説】　オウム真理教は、1994年に松本サリン事件、1995年に地下鉄サリン事件を起こし、同年宗教法人解散となりました。しかし、その後も名称をアレフとして活動を続けており、アレフからはひかりの輪が分派して、これも活動を続けています。オウム真理教とその活動についての基礎知識を得るには、宗教情報リサーチセンター編『情報時代のオウム真理教』（春秋社、2011年）と同『〈オウム真理教〉を検証する』（同、2015年）が基本的文献です。教祖麻原彰晃に対しては、2006年に死刑判決が確定し、2018年に死刑が執行されました。

【問77】

日本の新宗教においてはしばしば分派が生じたが、これに関して適切な記述を、次から1つ選びなさい。

ア　生長の家は、天理教に属していた谷口雅春が、高野山などで仏教の修行をしたのち、独自の体験を得て新たに設立した教団である。

イ　法華経信者以外からの施しを受けたり、彼らに布施をしないことを是とした日蓮宗不受不施派から分離独立したのが、創価学会である。

ウ　霊友会から分離独立した教団は多いが、そのなかでもっとも規模の大きな教団が立正佼成（りっしょうこうせい）会である。

エ　真如苑、世界真光（まひかり）文明教団、PL教団はいずれも大本（おおもと）系の教団である。

【問78】

近代日本で新しく形成された宗教教団（新宗教）の説明として、適切なものを次から1つ選びなさい。

ア　生長の家は女性の教祖が創始した仏教系の教団であり、明治後期に設立され戦後組織が大幅に拡大した。

イ　立正佼成会は昭和前期に東京で創始された仏教系教団であり、とくに法華経を重視する。

ウ　世界救世教は第二次大戦後キリスト教の影響を強く受けた女性によって創始され、静岡県に本部がある。

エ　金光（こんこう）教は浄土真宗の僧侶によって岡山県で創始され、無量の光を放つ阿弥陀仏を崇拝対象とする。

【問77】

［正解］ ウ

［キーワード］ 大本　真如苑　生長の家　創価学会　天理教
立正佼成会　霊友会

【解説】 戦後は信教の自由が原則になり、宗教法人令・宗教法人法によって、数多の宗教団体が成立しました。特定の教団を母体とした分派教団も形成されました。主な系統としては、天理教系（ほんみち系）、大本系（世界救世教系）、霊友会系などがあります。生長の家は、もともと大本との関係が深い教団です。他にも大本系の教団はありますが、真如苑は密教系の教団です。また、創価学会は日蓮正宗の在家組織を母体にしています。霊友会系の教団のなかで、信者数が最大の教団は立正佼成会です。

【問78】

［正解］ イ

［キーワード］ 教祖　金光教　新宗教

【解説】 近代日本において形成された宗教教団（新宗教）には、教祖の特異な宗教体験に基づく教えが説かれるケースが少なくありません。とはいえ、それぞれの創唱者には個別の思想的な背景があり、教えや実践の内容から仏教系、神道系といった分類を設けることが可能です。生長の家や世界救世教は、神道系の教団である大本の影響を強く受けていますし、立正佼成会は法華経を重視します。金光教は戦前の教派神道の一つです。

【問79】

日本で1970年代以降に注目されるようになった新しい教団について適切な説明をしているものを、次から1つ選びなさい。

ア　創価学会は天台宗と深い関わりがあり、創始者の池田大作は比叡山で修行をして僧階を受けている。

イ　幸福の科学は教祖大川隆法(りゅうほう)の霊言集を数多く刊行している他、いくつか映画も制作している。

ウ　天理教から分かれて独自の教団となった崇教真光(すうきょうまひかり)は、手をかざして霊を清めるという実践活動をしている。

エ　阿含(あごん)宗は中国の道教と儒教の影響を強く受けており、毎年京都で「星まつり」と呼ばれる儀礼を行なう。

【問80】

日本人の結婚式に関する説明として適切なものを、次から1つ選びなさい。

ア　日本では古来、神社で神主に式をあげてもらう神前式が最も一般的だった。

イ　日本人の結婚式でよくみられる三々九度の盃は、西洋風の結婚式をまねて明治時代に創作されたものである。

ウ　高度経済成長期以前の日本の農村における結婚式は、自宅で行なわれることが多く、専門の宗教家が関与しないことも珍しくなかった。

エ　日本では仏教式の結婚式（仏前式）はまったく行なわれず、仏教関係者でも神社や教会で式をするのが普通である。

【問79】

［正解］ イ

［キーワード］ 阿含宗 崇教真光 世界救世教 創価学会 手かざし 星まつり 霊言

【解説】 1970年以降に注目された、現代の新しい教団の場合も教祖の思想的背景や教えの内容、実践活動の違いなどから、ある程度の分類を設けることは可能です。創価学会は日蓮正宗（しょうしゅう）の在家組織を母体にしています。幸福の科学はとくに関わりの深い伝統的な宗教はありません。崇教真光は世界救世教系の教団の一つです。阿含宗は、密教系の教団です。

【問80】

［正解］ ウ

［キーワード］ 結婚式 神前（結婚）式 チャペル式 仏前式

【解説】 近代までの結婚式は家を中心に行なわれ、とくに宗教形式を取っていませんでした。20世紀に入り神道や仏教の影響を受けた形式の結婚式が創出されました。とくに神道式（神前式）は第二次大戦後に結婚式の主流をなす形式になりますが、1990年代後半にはキリスト教式（チャペル式・チャペルウェディング）が圧倒的となります。なお、三々九度の盃は西洋風の結婚式をまねたものではありません。武家の作法が源流とする説が有力です。近年は特定の宗教と関わらない形式も増えています。仏教式（仏前式）は多くはないものの、仏教関係者の間では行なわれています。

【問81】

日本における葬式・埋葬に関わる記述のうち適切なものを、次から1つ選びなさい。

ア　宗教儀礼を経ずに遺体を死の床から火葬場へと送る直葬(ちょくそう)と呼ばれる形態が近年注目されるようになっている。

イ　現在は日本では土葬が禁じられているので、すべて火葬にしなければならない。

ウ　川や海などに遺灰をまくいわゆる散骨を行なうときには、必ず僧侶など宗教家の指導のもとになさなければならない。

エ　周辺住民の承諾さえ得られるなら、私有地に墓地を新たに作ることができる。

【問82】

日本の民俗信仰についての説明として適切なものを、次から1つ選びなさい。

ア　東北地方のオシラサマは牛の神であり、このことは柳田國男の『遠野物語』にも記されている。

イ　稲荷神は、農業や穀物の神であるが、航海の神ともなっている。

ウ　道祖神は村に災厄が訪れないよう、必ず集落の中心に置かれている。

エ　三宝荒神(さんぽうこうじん)は仏教を守る神だが、民間では火の神や竈(かまど)の神として家庭でもまつられるようになった。

【問81】

［正解］ ア

［キーワード］ **火葬　散骨　葬式　直葬　土葬　墓地　埋葬**

【解説】 現代の日本では、遺体のほとんどが火葬されますが、土葬が法的に禁じられているわけではありません。遺骨の埋蔵は墓地に限られていますが、これは公営、民営、寺院境内にあるものに大別され、新たに私有地に墓地を設けることは現在ではできません。市民団体などによって推進されている散骨については、節度をもって行なわれる限りにおいては違法では無いという見解が示されています。近年では、とくに都市部において、宗教儀礼を行なわずに火葬を行なう直葬という葬儀形態が見られるようになってきています。

【問82】

［正解］ エ

［キーワード］ **稲荷神　オシラサマ　三宝荒神　道祖神　民俗信仰**

【解説】 東北地方に見られるオシラサマは、蚕の神、馬の神とされます。稲荷神は日本神話の宇迦之御魂神（うかのみたまのかみ）（倉稲魂命）、保食神（うけもちのかみ）とも同一視されて、稲や穀物の神とされ、広く商売の神とも見なされています。道祖神（どうそじん）は塞（さい）の神、岐（くなど）の神とも呼ばれて、災いから村や集落を守るために境界に置かれることが多いですが、中心に置かれることもあります。自然石に「道祖神」と刻まれたもののほか、男女一対の神像や男根の石像も見られます。三宝荒神は、仏法僧の仏教の三宝を守護する神で、火や竈の神として台所にお札を貼ってまつられることがあります。

【問83】
現代における日本の年中行事についての説明として適切なものを、次から1つ選びなさい。

ア　全国的に初詣客が多い上位10の宗教施設は、ここ20年ほどを見てもすべて神社で占められている。

イ　節分の行事は、仏教的な儀礼と民間習俗が混合している。

ウ　クリスマスやハロウィンが急速に日本社会に広まったのは昭和前期である。

エ　大晦日の除夜の鐘は、仏教の寺院やキリスト教の教会で撞かれる。

《世界の宗教》

【問84】
現在のアジア諸国の宗教の説明として適切なものを、次から1つ選びなさい。

ア　中国ではカトリック（天主教）は公認されているとはいえ、市中に教会は建てられていない。

イ　韓国で最も多くの人に信じられている宗教は仏教であり、キリスト教の教会はもっぱら山中など交通の便が悪いところに集中している。

ウ　韓国の僧侶の中には妻帯する人がいるが、これは明治期に日本の仏教が韓国で活動して以降の現象である。

エ　台湾には第二次大戦前には日本の神社や寺院があったが、現在は日本の宗教の活動はまったくみられない。

【問83】
［正解］　イ
［キーワード］　**大晦日　クリスマス　除夜の鐘　節分　年中行事　初詣　ハロウィン**
【解説】　初詣の参拝客が多いのは、明治神宮・伏見稲荷大社・住吉大社など神社も多いですが、川崎大師・成田山・浅草寺など仏教寺院も含まれています。節分は中国の年始行事に由来を持つ修正会（しゅしょうえ）という仏教的儀式と春を迎える民間習俗とが混合したものと考えられています。クリスマスは明治以降広まりますが、ハロウィンが広まるのは近年、とりわけ21世紀になってから強まった傾向です。大晦日の除夜の鐘は仏教寺院において、煩悩の数に合わせて108回撞かれるのが一般的です。

《世界の宗教》

【問84】
［正解］　ウ
［キーワード］　**慈済基金会　曹渓宗　太古宗　仏光山**
【解説】　中国の天主教教会は市中や農村部の公認教会と非公認教会（地下教会）に分かれ、公認教会では礼拝が行なわれています。韓国において山中に多いのは仏教寺院で、これは李朝時代に仏教が迫害され山中に追いやられたことと関係しています。韓国の仏教主流派は曹渓宗で、日本統治下にここから太古宗が分派し、ここだけが日本の仏教を模倣して妻帯を認めました。台湾の元来の仏教は斎教と呼ばれる在家仏教で、植民地期に日本仏教が開教されるものの第二次世界大戦後は撤退しました。そして、中国共産党政府による抑圧を逃れてきた僧侶によって曹洞禅や臨済禅の仏教宗派が教勢を拡大し、現在、百万人以上の在家信者やボランティアを有する仏光山や慈済基金会のような巨大な仏教団体があります。

【問85】

中国の宗教政策について適切なものを次から1つ選びなさい。

ア　現在の中国では儒教、道教、仏教、カトリック、プロテスタントの五教を公認宗教としている。

イ　中国の西域にはイスラム教徒が多いが、イスラム教を信じることは認められている。

ウ　中国は国外との友好関係・政治的関係に配慮して、外国人の宣教師にも特別に布教活動を認めている。

エ　中国は現在バチカンとは友好関係を保っているので、ローマ教皇（法王）が任命した司教をそのまま認めている。

【問86】

東アジアの諸宗教に関する記述として適切なものを、次から1つ選びなさい。

ア　日本・中国・韓国では、歴史的に儒教・仏教・道教の宗教伝統が強く、現在でもこの3つの宗教の教団を中心に宗教活動がなされている。

イ　韓国では、第二次大戦後キリスト教が盛んになったが、儒教の儀礼も一族の祭祀などには継承されている。

ウ　中国では、儒教の思想にもとづいて早くから火葬が定着し、これが東アジアの他の国々に影響を及ぼした。

エ　台湾では、仏教がすたれてしまい、媽祖（まそ）信仰などもっぱら道教の信仰が中心になっている。

【問85】
［正解］　イ
［キーワード］　公認宗教　宗教事務条例
【解説】　中国の宗教政策では基本的に、共産党員は無神論者であるべきで、中国国民は宗教事務条例で定める5つの公認宗教（道教、仏教、カトリック、プロテスタント、イスラム教）しか信仰できません。また宗教施設内での宗教活動しか認められておらず、街頭において宗教の勧誘をするといったことはできません。しかも、公認宗教団体は自主自立が原則とされ、政府は海外からの自由な布教活動や宗教的影響力の行使を認めていません。そのため中国共産党は、バチカンとは関係なく、中国国内で司教を任命してきましたが、国際情勢の変化に伴い、その任命方法などについて変化の兆しも見られます。

【問86】
［正解］　イ
［キーワード］　家庭教会　儒教　地下教会　道教
【解説】　東アジアの多くの国において、民間信仰あるいは民俗宗教として広まっているのは祖先崇拝（先祖祭祀）やシャーマニズムなどです。また儒教、大乗仏教、道教も広い影響を与えています。イスラム教は中国西部に多く、キリスト教は韓国において最も信者の比率が高いです。中国では地下教会（カトリック）や家庭教会（プロテスタント）と呼ばれる非公認のキリスト教会が増えています。台湾では民俗宗教が根強いですが、戒厳令の解除に伴い宗教活動も活発化しています。

【問87】

陰陽五行説は中国で形成され、古代から東アジアに広く影響を及ぼした考えであるが、これに関する適切な説明を、次から1つ選びなさい。

ア　陰陽説では、男性は陽で女性は陰、剛は陽で柔は陰、天は陽で地は陰といった対応をさせる。

イ　五行説では万物は「木」・「火」・「土」・「金」・「水」の5つの要素からなると考えるが、この中で「木」が最もすぐれた要素であるとしている。

ウ　五行説は、すべての事象は「赤」・「青」・「黄」・「黒」・「白」の5つの色の原理によって説明できる、とする考えである。

エ　五行説は暦にも利用されたが、十二支との関係がややこしく、一般にはまったく普及しなかった。

【問88】

中国のキリスト教に関する記述として適切なものを、次から1つ選びなさい。

ア　現在の中国には、いくつかキリスト教会の建物があるが、そこでの礼拝行為は許可されていない。

イ　中国には日本より早くキリスト教の一派が伝わっているが、それは景教と呼ばれたアタナシオス派（ニカイア派）キリスト教である。

ウ　中国ではカトリックとプロテスタントとで別々の漢字表記をしており、それぞれ天主教、基督教である。

エ　中国の海岸部に多い媽祖（まそ）廟はキリスト教の聖母マリアをまつる道教の廟である。

【問87】
［正解］　ア
［キーワード］　陰陽五行説　陰陽道
【解説】　五行説には五行相生説、五行相克（剋）説などがあります。火に勝つのは水、水に勝つのは土と勝つ順に並べるのが五行相克で、水は木を生み、木は火を生みというように生じる順に並べるのが五行相生です。木火土金水は万物の五元素をとらえており、王朝の交代や四季の巡りもこの論理で説明されました。人間と自然の調和がとれないと災害や世の乱れが生じるとされます。陰陽五行説は宋学において哲学として深化し、民間では占いや呪術、さらに陰陽道に影響を与えました。

【問88】
［正解］　ウ
［キーワード］　ネストリオス派　媽祖
【解説】　中国におけるキリスト教の伝来は断続的です。唐代には異端とされたネストリオス（ネストリウスとも）派が伝わり、景教と呼ばれました。アタナシオス（アタナシウスとも）派（ニカイア派）は正統派です。16世紀にはマテオ・リッチが北京に入りイエズス会の宣教が広まりました。19世紀にはプロテスタント牧師のロバート・モリソンが宣教し、カトリックや他の教派が続きました。現在は中国政府の抑圧的政策にもかかわらず、全国的に公認教会がありますが、その他非公認の教会があり、後者が信者数を激増させています。
　媽祖は航海安全などを守護すると信じられており、道教の信仰とされます。

【問89】

中国の宗教史において仏教は重要な位置を占めるが、中国仏教についての記述として適切なものを、次から1つ選びなさい。

ア　文化大革命で多くの仏教寺院が破壊されたので、現在の中国では、仏教寺院があるのは洛陽と西安とラサだけである。

イ　中国の清朝時代には儒教が重視されたので、チベット仏教が厳しく弾圧された。

ウ　大乗仏教の重要な経典の1つである法華経は、中国においても広く受けいれられた。

エ　中国では宋の時代に特に禅宗が盛んになり、それ以後浄土信仰はほとんどみられなくなった。

【問90】

韓国の現代の宗教動向の説明として適切なものを、次から1つ選びなさい。

ア　韓国では戦前に日本の神社が数多く建てられたが、戦後もそのいくつかが神社として残っている。

イ　韓国には日本の宗教の信者となる人たちもいるが、そのうち教団側の報告で最も信者が多いのは創価学会である。

ウ　韓国の仏教にも日本の仏教と同じく、檀家制度がある。

エ　韓国には戦前はシャーマンと呼ばれる人たちが数多くいたが、戦後はそうした人たちはみられなくなった。

【問89】

［正解］ ウ

［キーワード］ 文化大革命

【解説】 唐代に仏教は隆盛を極め、種々の宗派が大成し、後代まで存続しています。宋代に禅宗が、元代にはチベット仏教が、明代には儒教が、清代には儒教とラマ教が王朝の庇護を得ました。しかし、中華人民共和国成立期から宗教に対する抑圧的な政策が進められ、1966年から約10年続いた文化大革命（文革）期にはあらゆる宗教が弾圧され、僧侶は還俗させられ、寺院は破壊されました。しかし、その後行き過ぎた統制は改められ、各地で宗教復興が進み多くの壮麗な寺院が再建されました。

【問90】

［正解］ イ

［キーワード］ クッ 儒教 創価学会 チェサ 李朝

【解説】 韓国では植民地期に日本による神社建立や、仏教宗派やキリスト教の教派、および新宗教による伝道活動が行なわれましたが、戦後天理教など一部の新宗教を除き一掃されました。かわってキリスト教が教勢を拡大し、独立後総人口に対して約2%であった宗教人口が約30%までのびています。2018年現在では宣教師派遣の数で、米国に次ぎ世界第2位の国となっています。他方で、李朝によって抑圧され山間部などに身をひそめるようにしていた仏教も勢力を盛り返し、現在では主要な宗教の1つとなっています。儒教式の先祖祭祀儀礼（チェサ）や巫術による死者供養儀礼（クッ）も存続しています。最近では創価学会の信者が増え、韓国は外国人の創価学会信者が最も多い国になっています。

【問91】

東アジアの宗教文化のなかで有名な人物についての記述として適切なものを、次から1つ選びなさい。

ア 一休宗純は江戸中期の曹洞宗の禅僧で、自著の『一休咄（ばなし）』はアニメ番組の原案として使われた。

イ 明代の僧である隠元は、江戸初期に日本にやってきて黄檗宗を伝えたが、来日時にもたらしたとされるインゲン豆にその名を残している。

ウ 七福神の一人である布袋（ほてい）は大きな袋を背負った太鼓腹の姿で描かれるが、実在したインドのヒンドゥー教の僧侶がモデルであるとされている。

エ 台湾では媽祖信仰が盛んであるが、これはもともと唐の時代の女性で仙人になった媽祖を学問の神様としてあがめるようになったのが始まりである。

【問92】

ヒンドゥー教の広がりについての説明として適切なものを、次から1つ選びなさい。

ア ヒンドゥー教はプランバナン遺跡のあるインドネシアのジャワ島において広く信じられ、住民の半数以上がその信者である。

イ ヒンドゥー教はその信者数からみると、世界最大の宗教と言える。

ウ パキスタンやバングラデシュでは建国の経緯からヒンドゥー教は禁止され、公式には信者はいないことになっている。

エ ヒンドゥー教はインドだけでなくネパールにおいても国民の8割が信者で、近年まで国教として扱われていた。

【問91】

［正解］ イ

［キーワード］ 一休宗純　隠元　布袋　媽祖

【解説】「一休さん」として親しまれている一休宗純は、室町時代に臨済宗大徳寺で修行した風狂僧です。『一休咄』は江戸時代の仮名草子ですが、そこに描かれた頓知咄（とんちばなし）が広く知られるようになりました。七福神の一人である布袋は唐末の仏僧で、鎌倉時代に禅画に描かれるようになりました。媽祖は宋代に実在した黙娘が神になったものとされ、航海・漁業の守護神として現在も台湾をはじめその他の東アジアの地域でも広く信仰されています。

【問92】

［正解］ エ

［キーワード］ 宗教人口　東南アジアの宗教　南アジアの宗教

【解説】ヒンドゥー教はネパール、スリランカ、マレーシアなど広い地域に信者がいますが、特にネパールでは国民の多くがヒンドゥー教の信者です。2006年に王制が倒れるまでは実質的に国教とされた時期もありました。インドネシアではかつてジャワを中心にヒンドゥー王国が栄えましたがイスラム教の拡大とともにその信者は減少しました。今でもバリ島には数多くのヒンドゥー教徒が暮らしています。世界全体で見た場合、ヒンドゥー教の信者はキリスト教、イスラム教に次いで多い9億人程度であるとされています。

【問93】

ヒンドゥー教における女性の役割や立場についての説明として適切なものを次から1つ選びなさい。

ア　ヒンドゥー教では、神々はすべて男性であると考えられており、女神は存在しない。

イ　女性は不浄な存在とみなされ一切祭に関わることが許されないため、祭礼用の料理は男性が調理しなければならない。

ウ　一般的にサリーと呼ばれる衣装は女性の礼拝用正装であり、日常的に身につけることは望ましくないと考えられている。

エ　一般的にバラモン僧になることができるのは男性のみであると考えられている。

【問94】

ヒンドゥー教の祭りや行事の説明として適切なものを次から1つ選びなさい。

ア　ヒンドゥー教最大の祭りは毎年9月に行なわれる、一カ月間の断食明けを祝う祭りである。

イ　ヒンドゥー教には多くの祭りがあるが、ほぼインド全土で祝われている有名な祭りの一つがホーリー祭である。

ウ　神の前では平等という考えから、祭りの際にはあらゆる身分の人々が集い、同じ場所で一緒に神に礼拝を捧げる。

エ　ヒンドゥー教の祭りはすべて厳密な太陰暦に基づいて行なわれるため、祭りが開かれる季節は一定でなく毎年ずれていく。

【問93】
［正解］　エ
［キーワード］　サティー　女性と宗教　バラモン僧　不浄　女神
【解説】　ヒンドゥー教に関わる慣習の中には女性の立場や行動に制限を加えているものが見られます。サティー（寡婦殉死）のような極端な慣習は今日では禁止されほとんど行なわれていませんが、生理中の女性や服装などの規制は今でも根強く残っています。一方、ヒンドゥー教においては数多くの女神が崇拝の対象となっており、その中には仏教に取り入れられ日本にも伝わったラクシュミー（吉祥天）、サラスヴァティー（弁財天）などもいます。

【問94】
［正解］　イ
［キーワード］　ヒンドゥー教の行事　宗教暦　ホーリー祭
【解説】　ヒンドゥー教においては様々な機会に神々に献供を捧げ祈願をする祭りが信仰生活の中で重要な位置を占めています。ホーリー祭はインド暦11月の満月の日にヒンドゥー教圏で広く祝われる春祭で、色粉や色水をお互いにかけ合う行事でよく知られています。他にも光の祭りとして知られるディワーリーでは、各所に明かりを灯してラクシュミー神をまつります。それ以外にも地域や身分や信仰する神などによって多様な祭りがインド各地で祝われています。

【問95】
南アジアの宗教についての説明のうち適切なものを、次から1つ選びなさい。

ア ジャイナ教は仏教とほぼ同じような時期に創始された宗教であり、現在でもインドに数百万人の信者がいる。

イ インドではイギリス植民地時代にキリスト教が広まり、クリスチャンがヒンドゥー教徒に次いで多く、人口の1割程度を占める。

ウ シク教は特定の開祖や教団組織をもたず、インド北部とネパールの少数民族を中心に信じられている宗教である。

エ ネパールはブッダの生誕地があり、現在でも仏教徒が大半を占める。

【問96】
日本とインドの文化的つながりの例として、日本にはヒンドゥー教に由来する神々があることを示したい。これについて正しい解釈を、次から1つ選びなさい。

ア 象の頭を持つ、学問や商売の神ガネーシャが、日本に伝わり天満宮の天神となった。

イ 破壊と再生の神とされるシヴァ神が、日本に伝わって帝釈天となった。

ウ 富と幸運の女神ラクシュミーが、日本に伝わって吉祥天となった。

エ ヴィシュヌ神の化身であるクリシュナ神が、日本に伝わって八幡神となった。

【問95】
［正解］　ア
［キーワード］　ナーナク　マハーヴィーラ　南アジアの宗教
【解説】　ヒンドゥー教や仏教以外にもインド発祥の宗教としてよく知られているものに、ジャイナ教やシク教があります。ジャイナ教はブッダとほぼ同じ頃に活躍したマハーヴィーラによって開かれた宗教で、厳しい戒律に従った修行生活を重要視します。それに対してシク教が開かれたのはかなり新しく、16世紀に現れたナーナクの活動や著作に端を発する宗教です。これらの宗教は現在のインドにおいては少数派ですが、数百万から数千万規模の信者をもち、地域によっては無視できない影響力をもっています。キリスト教はカトリックを中心に全人口の2%程度の信者がおり、ヒンドゥー教、イスラム教に次ぐ第3番目の信者数を保っています。

【問96】
［正解］　ウ
［キーワード］ガネーシャ　吉祥天　シヴァ　天部　ヒンドゥー教
【解説】　日本には6世紀頃に公式に仏教が取り入れられましたが、その際に、仏教の守護神などとして仏教の世界観の中に取り込まれていたヒンドゥー教の神々も日本に伝わってきました。ラクシュミーは吉祥天として伝わりましたが、もともとの神の性格もほぼ維持されています。ガネーシャは歓喜天、シヴァは大黒天として日本に伝わり、特に後者は大国主と習合して広く信仰されるようになりました。
　八幡神はヒンドゥー教の神とは関係ありません。

【問97】
アジアに広まった仏教は大きく上座仏教と大乗仏教に分けられる。上座仏教に関する記述として適切なものを、次から1つ選びなさい。

ア　モンゴルは黄色の僧衣を身につけた僧侶が多く、戒律を重んじる上座仏教が最も広まっている。

イ　スリランカは、密教の遺跡が数多く見いだされ、今日に至るまで大乗仏教の影響が強い地域である。

ウ　ベトナムは東南アジア大陸部に位置しているが、かつて漢字を用いていた国でもあり、中国から伝わった大乗仏教の方が上座仏教より広まっている。

エ　タイは華人系の住民も多く、人口の過半数は中国系の大乗仏教を信仰している。

【問98】
上座仏教についての記述として適切なものを、次から1つ選びなさい。

ア　上座仏教の僧侶たちはほとんどが独身であるが、なかには結婚している僧侶もおり、その場合は妻とともに僧院で生活する。

イ　上座仏教では女性の僧侶も男性の僧侶と同等の扱いを受けており、ミャンマーでは約3割の僧は女性である。

ウ　上座仏教は以前、小乗仏教とも呼ばれていたが、これは大乗仏教側からの蔑称に当たるので、現在はあまりそう言われなくなった。

エ　上座仏教は東南アジアのベトナムやシンガポールで広く信仰されている。

【問97】

［正解］ ウ

［キーワード］ 観音菩薩　上座仏教文化圏　チベット仏教文化圏　東アジア仏教文化圏

【解説】 インド地域での仏教衰退以降、仏教は大きく3つの領域に広まっていきました。パーリ語聖典を基盤とする上座仏教文化圏（スリランカ・東南アジア大陸部）、漢字の経典を基盤とする東アジア仏教文化圏（大乗仏教）、そしてチベット文化の影響があるチベット仏教文化圏（大乗仏教）です。東南アジアの中でも中国文化の影響を強く受けたベトナムでは大乗仏教の勢力が強いです。タイでは上座仏教徒が人口の9割以上を占めていますが、華人系住民も多くいます。そのため大乗仏教の僧院も数は少ないですが設立され、上座仏教の僧院の敷地内に大乗仏教の信仰対象である観音菩薩の像などがまつられていることもあります。

【問98】

［正解］ ウ

［キーワード］ 在家　沙弥尼（しゃみに）　出家　女性出家修行者　比丘尼（びくに）

【解説】 日本や韓国の一部の宗派を除き、仏教では僧侶などの出家者の婚姻は禁じられています。したがって上座仏教でも結婚をしている者は出家できません（既婚者でも離婚していれば出家できます）。また上座仏教では、出家と在家の中間領域にいる女性出家修行者はいるものの、僧団の一員をなす女性僧侶（比丘尼、沙弥尼）の伝統は古くから途絶えています。近年になり女性僧侶の復興を目指す運動が徐々に広まっていますが、男性僧団はこれを認めておらず、女性僧侶の数も多いとは言えません。シンガポールは華人系住民が半数以上を占めており、大乗仏教と道教や儒教などの習合した信仰実践が多くみられます。中国文化の影響を強く受けてきたベトナムでも、大乗仏教が広まっています。

【問99】

東南アジアのある国での調査中に上座仏教僧と面談できることになった。その際注意すべき点として適切なものを、次から1つ選びなさい。

ア　戒律で禁じられているので、カフェインなど刺激物の入ったコーヒーや紅茶などの飲み物を出すことは避ける。

イ　経済活動が禁じられているので、寺や僧にお礼の寄進をすることは避ける。

ウ　経典より修行を重視する仏教であるため、経典の内容についての質問は避ける。

エ　短期間の出家僧もいるので、すべての僧から子ども時代の修行の話を聞けるわけではない。

【問100】

上座仏教の在家信者の宗教的実践についての説明として、正しくないものを次から1つ選びなさい。

ア　僧侶に対し食事や金品などのお布施をして功徳を積むことが重視されている。

イ　できる限り五戒を守るよう心がけることが大切とされている。

ウ　お盆期間の墓参りの風習を大切にしている。

エ　祭礼の日などに僧院に泊まり込んで瞑想等の修行を行なう。

【問99】
［正解］ エ
［キーワード］ 還俗 出家 聖典 僧院 瞑想
【解説】 上座仏教では出家者の僧侶と在家者との間に明確な区分があります。しかし両者に交流がないわけではありません。在家者は自身もしくは親族等が功徳を得るために、僧侶への施食や金品の布施などを行ないます。僧侶も僧院にこもって聖典学習や瞑想実践を行なうだけでなく、在家者向けの様々な法要や法話を行ない、時には日常生活についての相談を受けたりもします。僧侶は20歳未満の沙弥と20歳以上の正式な僧侶である比丘に分かれます。いずれの出家においても還俗（僧侶をやめること）は自由です。特に東南アジアでは、短期間のみ僧侶となって修行を行なうといった慣行もみられます。

【問100】
［正解］ ウ
［キーワード］ 功徳 五戒 在家 祖霊 布施 瞑想
【解説】 上座仏教の社会における在家者の宗教的実践の基本は、功徳を積む様々な行ないにあります。例えば、お布施、僧侶の手伝い、儀礼への参加、瞑想、あるいは五戒（不殺生戒、不偸盗戒、不邪婬戒、不妄語戒、不飲酒戒）の実践など。五戒は仏教徒としての努力目標であり、守れなくても罰則はありません。在家者であっても僧院に宿泊し修行を行なうことはできます。なお、中国で生まれた仏教儀礼である盆行事は上座仏教では見られません。上座仏教社会では、一般に先祖代々の祖霊をまつるという観念より、死者が生まれ変わる転生の観念の影響の方が強いようです。

【問101】

東南アジアのイスラム教の記述として適切なものを、次から1つ選びなさい。

ア　インドネシアはイスラム教徒が過半数を超える国であり、イスラム教を国教としている。

イ　マレーシアはかつてイスラム教に基づく国であったが、現在はヒンドゥー教が国教である。

ウ　タイの人々の多くは上座仏教の信者だが、タイとカンボジアとの国境域にはイスラム教徒が多く暮らしている。

エ　フィリピンはキリスト教のカトリック信徒が人口の大半を占めるが、南部のミンダナオ島ではイスラム教徒も多く住んでいる。

【問102】

キリスト教に関する記述として適切なものを、次から1つ選びなさい。

ア　カトリック教会でもプロテスタント教会でも、ミサというのは日曜日の朝に行なう礼拝のことである。

イ　カトリックでは『旧約聖書』と『新約聖書』の双方を聖書と認めるが、プロテスタントは『新約聖書』だけを聖書として認めている。

ウ　『新約聖書』ははじめラテン語で書かれたが、その中に出てくる「アーメン」という言葉は実はヘブライ語である。

エ　東方正教会ではカトリック教会同様、聖母マリアや聖人たちを大事にするが、教会の中にマリア像や聖人の像はなく、信者たちはイコンの前で祈りを捧げる。

【問101】

［正解］　エ

［キーワード］　国教　東南アジアのイスラム教

【解説】　東南アジア島嶼（とうしょ）部へのイスラム教の広まりは13世紀末ころからはじまります。現在の東南アジアにおいてイスラム教徒が多い国は、マレーシア、インドネシア、ブルネイです。マレーシアはイスラム教を連邦国家の宗教と定め、ブルネイは国教と定めています。インドネシアではイスラム教を含む6つの宗教を公認しています。またタイ南部のマレーシアとの国境域、タイの北部もイスラム教徒（中国系ムスリム）の多い地域であり、地理的にマレーシアやインドネシアに近いフィリピン南部のミンダナオ島にも多くのイスラム教徒が集住しています。

【問102】

［正解］　エ

［キーワード］　イコン　『旧約聖書』『新約聖書』『七十人訳聖書』ミサ

【解説】　カトリックもプロテスタントも日曜日に礼拝を行ないますが、礼拝をミサと呼ぶのは基本的にカトリックだけです。双方とも『旧約聖書』と『新約聖書』を聖書として認めていますが、カトリックの場合にはイエスの時代に用いていたギリシャ語の『旧約聖書』である『七十人訳聖書』を基本とし、その中のヘブライ語以外の文書も『旧約聖書』としてラテン語に訳して用いていました。一方、ルターは『ラテン語聖書』からではなく、『ヘブライ語聖書』から直接訳したため、ヘブライ語以外で書かれた文書は『旧約聖書』の中に入れませんでした。カトリックではこれらの部分（「旧約続編」）も『旧約聖書』に含めているため、プロテスタントとカトリックでは『旧約聖書』に含まれる文書の数が異なっています。『新約聖書』はもともとギリシャ語で書かれていますが、「その通りです、そうなりますように」という意味のヘブライ語である「アーメン」という言葉は度々出てきます。東方正教会ではカトリック教会で見られるような聖母マリアや聖人の立体像はなく、イコンと呼ばれる聖画が大切にされています。礼拝において楽器は用いられず、声のみで聖歌が捧げられます。

【問103】

プロテスタント系の学校を卒業した学生が、友だちにキリスト教について説明している。適切なものを次から1つ選びなさい。

ア 「イエス・キリストには兄弟がいるって教わったよ。処女マリアから生まれたと信じているキリスト教徒なんて、どの国にもいないよ。」

イ 「『新約聖書』にはイエス・キリストが語ったとされる言葉も記されているけど、『旧約聖書』にはイエスの言葉はまったく記されていない。」

ウ 「プロテスタントというのは『抵抗する人々』っていう意味だけど、ルターが自分たちの新しい運動について、こう名付けたことに由来するみたいだ。」

エ 「イギリス国教会というのはイギリスの国教になっているが、儀礼はカトリックに近い部分がよくあるため、プロテスタントとはみなされていないそうだ。」

【問104】

海外で休みを過ごしてきた学生たちがキリスト教に関係する会話をしていたが、このうち適切な内容になっているものを、次から1つ選びなさい。

ア 「世界遺産で知られるフランスのモン・サン・ミッシェルは、キリスト教の三大天使のうちの一人、大天使ガブリエルにまつわる伝説がもとになっているところで、とっても美しかったよ。」

イ 「アメリカ西海岸のサンディエゴという町は、スペインの有名な巡礼地サンティアゴ・デ・コンポステーラと同様、キリスト教の聖人である聖ヨセフにちなんで名付けられたんだって。」

ウ 「ドイツのケルンにある大聖堂は、宗教改革をしたルターにちなんで建てられた教会だそうよ。」

エ 「有名なパリのノートルダム大聖堂のノートルダムっていうのは、『私たちの貴婦人』という意味で、聖母マリアのことを表わす言葉なんですって。」

【問103】
［正解］　イ
［キーワード］　イギリス国教会　処女懐胎　プロテスタント　ルター
【解説】　イエスに血のつながった兄弟がいたかどうかについては教派によって解釈が分かれます。カトリックではイエスに兄弟はいなかったという見解を取り、プロテスタントではイエスには実弟がいたと考えています。一方、東方正教会ではマリアはヨセフの後妻と考え、イエスには異母兄がいたとしています。ただし、いずれの教派もイエスの誕生は処女懐胎であったと考えています。『旧約聖書』はキリスト教の聖典ですがイエスの誕生以前に書かれたものであるため、イエスの言葉はまったく記されていません。プロテスタントという名称で自分たちの運動を呼んだのはルター自身ではありませんでした。イギリス国教会の儀礼や典礼はカトリックに非常に近いものがありますが、プロテスタントに属する教派です。なお、国教会という名称ではありますが、イギリス国民全員がイギリス国教会に属しているわけではありません。

【問104】
［正解］　エ
［キーワード］　サンティアゴ・デ・コンポステーラ　ノートルダム大聖堂　モン・サン・ミッシェル
【解説】　モン・サン・ミッシェルは、三大天使の一人、聖ミカエル（サン・ミッシェル）に関する伝説から生まれた巡礼地です。ミカエルは英語ではマイケル、ミック（短縮形）となります。サンティアゴ・デ・コンポステーラもサンディエゴも聖ヤコブにちなんで名付けられました。聖ヨセフ（ヨゼフ）は、イエスの母マリアの配偶者で、大工をしていたことからキリスト教圏では労働者の守護聖人としても崇敬されています。世界最大のゴシック建築として有名なケルンの大聖堂（正式名称は「聖ペトロと聖マリア大聖堂」）はカトリックの教会です。ノートルダムはフランス語で聖母マリアを表わす言葉です。

サンティアゴ・デ・コンポステーラ

【問105】

キリスト教の祝祭のいわれについて、キリスト教徒ではない学生たちが語り合っている。適切に述べているものを、次から1つ選びなさい。

ア 「クリスマスというのは、イエス・キリストの誕生を祝う日だけど、最初から12月25日に決まっていたわけではないみたいだね。」

イ 「最近はハロウィンがはやっているけど、あれは北米にやってきたプロテスタントの人たちが、豊作の喜びを表現するために始まった祭りみたいだ。」

ウ 「クリスマス・ツリーの習慣は、キリスト教がローマに伝わってすぐ始まったらしいよ。」

エ 「カーニヴァルというとブラジルのカーニヴァルを連想するけど、謝肉祭と訳されている。これは聖書にある最後の晩餐に由来するらしいよ。」

【問106】

現在の世界のキリスト教の信者分布に関する記述のうち適切なものを、次から1つ選びなさい。

ア 世界のキリスト教人口は、世界の総人口の4分の1を超えている。

イ アフリカ大陸全体でみると、イスラム教徒とキリスト教徒はほぼ半々といっていいが、サハラ砂漠以南は圧倒的にイスラム教徒が多い。

ウ アメリカ合衆国のキリスト教徒の大半はカトリック教徒である。

エ ヨーロッパ地域全体でみると、プロテスタントが優勢で、カトリック教徒は総人口の約10%である。

【問105】
［正解］　ア
［キーワード］　カーニヴァル（謝肉祭）　クリスマス　クリスマス・ツリー　ハロウィン
【解説】　イエスが生まれた日は聖書に記述がありませんが、クリスマスを12月25日に祝う習慣はすでに4世紀頃にはあったとされています。ローマ帝国時代に冬至に祝われていたミトラ教の太陽神の誕生祭の祭りの影響などと言われています。クリスマス・ツリーは宗教改革後にドイツや北ヨーロッパで始まり、やがて移民たちによって米国に広まったという説が有力です。ドイツでは生命の象徴である常緑樹に丸いボール（クーゲル）を飾ることも多いです。ハロウィンはキリスト教とはあまり関係のない行事です。北米で豊作の喜びを感謝するために祝われるのは感謝祭（サンクス・ギビングデー）で、家族が一堂に会して七面鳥を食べることで知られます。カーニヴァルは肉から離れることを意味する中世ラテン語が語源となっています。もともとはゲルマンの祭りだったともいわれますが、主にカトリック圏で復活祭を準備するため、肉食を慎む40日間（四旬節）の前に行なわれるようになりました。

【問106】
［正解］　ア
［キーワード］　宗教人口　植民地化と宗教　ピルグリム・ファーザーズ
【解説】　世界のキリスト教人口は世界の総人口の4分の1を超えていますが、今後、その割合は変化するであろうと指摘されています。アフリカ大陸においては植民地化の影響でキリスト教徒の数も多いのですが、サハラ砂漠以北の地域は圧倒的にイスラム教徒の数が多くなっています。米国は、その歴史のはじめにおいて、ピルグリム・ファーザーズと呼ばれる人々がメイフラワー号に乗って英国から移民したこともあって、今日でもプロテスタント諸教派の勢力は強く、人口の約半分であるとされています。ヨーロッパ地域では北欧など主に北の国々はプロテスタントが多く、南の国々はカトリックが多いのですが、ヨーロッパ全体として見た場合、カトリック教徒の数の方が多くなっています。

【問107】

多国籍企業に勤める人たちのキリスト教に関する下記の会話のうち、適切な内容と考えられるものを、1つ選びなさい。

ア 「そろそろクリスマス・カードを送る時期なのだけれど、ユダヤ教徒である取引先には失礼になるかもしれないから送らない方がいいと、上司にアドバイスされたよ。」

イ 「熱心なキリスト教信者の中には、イエスが十字架にかけられた金曜日には魚を食べない人たちがいるので、配慮が必要だよ。」

ウ 「『旧約聖書』という言い方はキリスト教徒側からの名称なので、最近はユダヤ教の人たちに配慮して、書かれている言語にちなんで『ギリシャ語聖書』と呼ぶようになっているみたいだよ。」

エ 「英語圏の取引先の人の名前が、エイブラハム（アブラハム）、ディビッド（ダビデ）、アイザック（イサク）など聖書の中に出てくる名前であれば、キリスト教徒だってすぐわかるから知っておくと便利だよ。」

【問108】

キリスト教は大きく分けると、東方正教会、カトリック教会、プロテスタント教会となるが、これらについての適切な記述を次から1つ選びなさい。

ア ローマのバチカンにあるサン・ピエトロ大聖堂は使徒パウロにちなんで建てられた。

イ 東方正教会は東ヨーロッパにのみ存在し、その他の地域に教会はほとんど存在しない。

ウ 宗教改革を行なったルターの教えの重要な柱として「信仰のみ」「聖書のみ」「万人祭司」の3つをあげることができる。

エ ポーランドは伝統的にスラブ民族の間に広まった正教会の影響が強く、人口の大部分はロシアの影響もあり、ロシア正教の信者である。

【問107】
［正解］　ア
［キーワード］　『ギリシャ語聖書』　クリスマス・カード
『ヘブライ語聖書』
【解説】　キリスト教ではイエスを「救い主（キリスト=メシア）」と考え、その誕生をクリスマスとして祝いますが、ユダヤ教ではイエスを救い主とは考えていないため、ユダヤ教徒にクリスマス・カードを送るのは失礼に当たる場合がありますので注意が必要です。その代わりに「Season's Greetings」や「Happy Holidays」などのカードを送ることもあります。熱心なキリスト教徒の中には金曜日に肉を食べない習慣を持つ人たちがいます。『旧約聖書』はその書かれた言語から『ヘブライ語聖書』とも呼ばれるようになってきました。ギリシャ語で書かれたのは『新約聖書』です。アブラハム、ダビデ、イサクなどは『旧約聖書』に出てくる人物たちです。『旧約聖書』はユダヤ教、キリスト教、イスラム教において共に重んじられていますので、これらの名前を持つのはキリスト教徒だけとは限りません。

【問108】
［正解］　ウ
［キーワード］　カトリック　サン・ピエトロ大聖堂　宗教改革
東方正教会　プロテスタント教会　ペトロ（ペテロ）　ルター
【解説】　バチカンの中心にある教会は、ローマ教会の礎を築いたイエスの12弟子の一人で初代教皇となり、この地で殉教したペトロにちなんで「サン・ピエトロ（聖ペテロ）大聖堂」と呼ばれています。この教皇の権威を批判したのが16世紀に宗教改革を行なったルターでした。ルターの基本的主張は、人は信仰によってのみ救われ、聖書のみを権威として認め、神と信徒との関係は直接的であって聖職者が介入するのではなく、すべての信徒が祭司であるというものでした。東方正教会は、ロシア正教会、ブルガリア正教会、ギリシャ正教会などです。ポーランドは東ヨーロッパに位置する国ですが、伝統的にカトリック信者が多数を占める国でローマ教皇ヨハネ・パウロ二世もポーランド出身であったことが知られています。

バチカン市国

【問109】

キリスト教の教会堂に関係する次の記述のうち、適切なものを1つ選びなさい。

ア プロテスタント諸派の会堂には、しばしばキリスト像のない十字架が掲げられている。

イ カトリック教会の会堂には、聖母マリアや聖人たちを崇敬するためのたくさんのイコンが置かれている。

ウ 東方正教会の会堂には、一般に、磔(はりつけ)にされたキリストの木彫像が置かれている。

エ プロテスタント諸派の会堂には、神父がミサを行なうための祭壇が中央に据え付けてある。

【問110】

キリスト教の習慣・儀礼に関する説明として適切なものを、次から1つ選びなさい。

ア イースター（復活祭）とはイエスの復活を祝う祭りで、毎年3月の最終日曜日に祝われる。

イ カトリックや東方正教会の家庭では、通常、子どもが生まれた後、教会で洗礼式（幼児洗礼）を行なう。

ウ ユダヤ教の食習慣を引き継いだキリスト教は、最初の数世紀、牛肉を食べることをタブー（禁忌）としていた。

エ 修道院では生活のためにぶどうを栽培してワインを作るところもあるが、修道士たちは戒律を守るためワインを飲むことは禁止されている。

【問109】
［正解］　ア
［キーワード］　イコン　十字架　崇敬　聖人　聖母マリア
【解説】　キリスト教の教会堂の装飾は、教派によって幾つかの点で特徴があります。プロテスタント教会は教会の中で伝統的に伝えられてきたことよりも聖書に記載されていることに従うという基本的立場があるため、多くの場合、聖書に従って、神の像を彫ることは奨励されていません。そのため多くのプロテスタント教会ではイエスの十字架についてもイエスの像はなく、ただ十字架のみが教会堂に掲げられ、聖書が置かれるだけなど、きわめてシンプルな教会堂となっています。それに対してカトリックや正教会では聖母マリアや聖人たちを崇敬する伝統的習慣があるため教会堂内の装飾はプロテスタント教会よりも多くなっていることが一般的です。カトリックでは幼子(おさなご)イエスを抱いたマリアの像や聖人の像が置かれ十字架には磔にされたキリスト像が掲げられていますが、東方正教会では立体像は禁止されているため、磔にされたキリスト像などは一切なく、代わりに多くのイコンが置かれています。

【問110】
［正解］　イ
［キーワード］　イースター（復活祭）　食のタブー　幼児洗礼
【解説】　キリスト教最大の祝いである復活祭は、春分の日の後の最初の満月の次の日曜日と定められているため、年によって変わる移動祝日です。カトリックや正教会では幼児洗礼が一般的ですが、自らによる信仰の告白を重視するプロテスタントでは聖公会などの一部の教派を除き、幼児洗礼は一般的ではありません。牛肉を食べないのはヒンドゥー教徒で、豚肉を食さないことで知られているのはユダヤ教徒やイスラム教徒です。キリスト教はユダヤ教から生まれたため、教会のごく初期に食物に対するタブーが問題となったことがありましたが、その後、キリスト教においては食物禁忌はなくされており、豚肉も食します。一般にプロテスタントでは禁酒・禁煙を守る宗派が多いですが、カトリックでは飲酒・喫煙は特に問題とされていません。

【問111】
イスラム教徒が行なう宗教的実践や戒律についての正しい説明を、次から1つ選びなさい。

ア　アッラーという神の名をみだりに口にしてはならない。

イ　金曜日は安息日であり、仕事をしてはならない。

ウ　就寝前には、必ず『コーラン』の一章を声に出して読まなければならない。

エ　経済的に一定以上の余裕のある者は、喜捨を行なわなければならない。

【問112】
イスラム教の礼拝と礼拝場所に関する説明として適切なものを、次から1つ選びなさい。

ア　イスラム教徒は、世界のどこにいてもメッカのカアバ神殿の方角に向かって礼拝を行なう。

イ　1日5回、世界中のイスラム教徒が時を同じくして礼拝を行なう。

ウ　日本には、イスラム教徒が礼拝に利用できる場所を用意した空港がない。

エ　礼拝を行なっている姿を異教徒に見られてはならない。

【問111】

［正解］ エ

［キーワード］ アッラー 安息日 喜捨 『コーラン』 自由喜捨 礼拝

【解説】 「アッラー」とはイスラム教の神の固有名詞ではなく、アラビア語で「唯一神」のことを指しています。また「神は偉大なり（アッラーフ・アクバル）」などの表現は、アラビア語話者以外のイスラム教徒のあいだでも頻繁に使われます。イスラムが支配的な国では一般的に金曜が休日ですが、仕事をしてはならないといった意味での安息日というわけではありません。

礼拝のたびに『コーラン』の一節を唱えはしますが、就寝前に祈るという決まりはありません。

一定以上の経済的余裕がある者は貧しい人のため、あるいはイスラムに関する学業の道を歩む人のために使うことなどを目的として財産の一部を喜捨として提供する義務があります。これは好きな時に好きなだけの額を提供する自由喜捨とは別です。

【問112】

［正解］ ア

［キーワード］ 異教徒 カアバ神殿 メッカ 礼拝

【解説】 礼拝の向きはメッカに向かってと言われますが、正確にはメッカのカアバ神殿に向かって行ないます。カアバ神殿の周辺では人々が同心円状に並んで礼拝することになります。

イスラム教徒は定められた時間に礼拝を行ないますが、その時間は太陽の高さによって決まります。たとえば、日の出の礼拝の時間は季節によっても異なりますが、当然のことながら場所によっても異なります。同じ場所にいる人々はいっしょに祈ることになりますが、世界中のイスラム教徒が同時にということではありません。

礼拝はモスクなど特別な場所でなければならないということはなく、異教徒の目に触れる場所でも構いません。しかしながら、落ち着いた場所で礼拝に専念できるよう、イスラム教徒が多く利用する施設にはそのためのスペースが用意されていることが多いです。日本の空港でも、イスラム教徒専用というのではありませんが、祈りや瞑想のための場所が用意されることが増えています。

【問113】

イスラム教の宗派に関する説明として適切なものを、次から1つ選びなさい。

ア　スンナ派の「スンナ」とは「多数派」を意味するアラビア語である。

イ　シーア派が用いる『コーラン』とスンナ派が用いる『コーラン』とでは、内容においてかなりの違いがある。

ウ　シーア派の聖地はスンナ派のものとは異なっており、メッカではなく、イラクにあるカルバラーである。

エ　シーア派の初代イマーム（指導者）であるアリーは、預言者ムハンマドの娘婿である。

【問114】

『コーラン』について適切な説明を、次から1つ選びなさい。

ア　『コーラン』は、少しずつ神からムハンマドに伝えられ、伝えられた順に並べられている。

イ　豚は汚れたものなので、豚ということばは『コーラン』の中には出てこない。

ウ　『コーラン』の中に、ユダヤ教徒とキリスト教徒は「啓典の民」であると記されている。

エ　『コーラン』は、終末と来世がやがて訪れることを強調しているものの、終末の裁きや、天国と地獄の様子についての具体的な描写はない。

【問113】

［正解］ エ

［キーワード］ イマーム カルバラー シーア（派） スンナ（派）

【解説】 「スンナ」とは慣習を意味するアラビア語です。スンナ派とは正確には「預言者の慣習と共同体に従う人々」ということになります。

スンナ派はイスラム教徒の9割近くを占め、シーア派の方が圧倒的に少数派です。両者のもっとも大きな違いは指導者に対する理解です。スンナ派では指導者をカリフと呼び原則的に血筋に関わりなくもっとも指導者として適した人物が選ばれるべきものとされますが、シーア派ではムハンマドの娘婿であるアリーの血筋を引くものがイマームと呼ばれる指導者になるとされます。初代のイマームは、もちろんアリーです。

イラクのカルバラーはアリーの息子である第3代イマーム、フセインが殉教した場所で、シーア派にとって聖なる地ではありますが、メッカと並ぶものではありません。スンナ派もシーア派も同じ『コーラン』を神のことばとし、同じ聖地メッカに巡礼します。

【問114】

［正解］ ウ

［キーワード］ 啓典の民 『コーラン』 地獄 終末 天国
豚肉のタブー 来世

【解説】 『コーラン』は第1章を除くと、全体としては始めの方に長いもの、後の方に短いものが置かれています。このことは啓示として降ろされた順序とほぼ逆と考えられています。

動物の種類を問わず、死肉や他の神のためにささげられたものの肉は食べてはならないという指示と並んで、豚を食べてはならないという趣旨の文言も、繰り返し『コーラン』には登場します。

イスラム教ではユダヤ教徒もキリスト教徒も、イスラム教徒と同じ唯一神から啓示を与えられたと考えているので、そうした人々を「啓典の民」と呼び、イスラム教徒に近いものとみなします。

『コーラン』のなかには驚くほどに具体的な、天国と地獄についての描写があります。天国には川が流れているという描写は乾燥地で生まれた宗教ならではのものといえるでしょう。

【問115】
イスラム教徒の食文化に関する説明として適切なものを、次から1つ選びなさい。

ア　左手は不浄と考えられているので、左手で食べ物を人に渡すのは慎むべきことである。

イ　イスラム教では食についての厳しいルールがあるので、中東でも東南アジアでもイスラム教徒が多い地域では同じ調理法がとられ、「イスラム料理」と呼ばれるものがある。

ウ　食事を始める時にはメッカに向かい、「慈悲あまねく慈悲深き神の御名によって」という意味の聖句を唱えなければならない。

エ　イスラム教では男女の空間は分けられるべきとされているので、家族であっても男女が同じ食卓を囲むことはない。

【問116】
イスラム法に関する記述として適切なものを、次から1つ選びなさい。

ア　イスラム法の源は神のことばである『コーラン』なので、人間の解釈の余地はない。

イ　イスラム法では、禁じられた行為のすべてに明確な刑罰が定められている。

ウ　イスラム法を意味する「シャリーア」というアラビア語は、元来、「道」、とくに「水場へ至る道」を意味する。

エ　イスラム教が国教である国では、異教徒である国民にもイスラム法が適用され、礼拝や喜捨が義務づけられる。

【問115】
［正解］　ア
［キーワード］　ヴェール　女性と宗教　左手のタブー　不浄　メッカ
【解説】　イスラム教では左手は不浄とされており、食べ物に限らず人に何かものを片手で渡す際は右手を使うべきだとされています。排泄したあと、排泄した部分を水で洗浄しなければなりませんが、その際はかならず左手が使われます。食について禁止されているのは食材であり、調理方法については特に規定はありません。地域によってイスラム教徒が食べる料理は多様です。食事の前だけでなく、何かことを始める前に「慈悲あまねく慈悲深き神の御名によって」という意味の聖句を唱えることは一般的ですが、その際とくにメッカに向かう必要はありません。男女の空間わけはどれほど厳格に行なう人であっても、家族のあいだではありません。女性のヴェールについても、親族以外の客人が来ているとき以外は家の中で着用することはありません。

【問116】
［正解］　ウ
［キーワード］　異教徒　イスラム法　喜捨　国教　『コーラン』
イスラム法　法学者　礼拝
【解説】　イスラム法の法源は『コーラン』だけでなく、スンナと呼ばれる預言者ムハンマドの慣習も入ります。イスラム法学の世界ではこれと並んで「類推」や「合意」といった手続きも法源と見なされます。つまり、専門的な訓練を積んだ法学者という人間が『コーラン』とスンナから解釈することで具体的な規範を導き出します。イスラム法は同じ社会に生きる人間同士の最低限の約束事である法律とはまったく性格が違います。それはよりよく生きるための指針、つまり歩むべき「道」であり、どちらかというと倫理的規範に近いものなので、ごく一部の禁止事項を除いて刑罰は決まっていません。イスラム教はアラビア半島という乾燥地で生まれたことを思うと、「水場へ至る道」が歩むべき道、正しい生き方という意味になり、イスラム法を意味する語になったことはよく理解できます。またイスラム教を国教とする国では、立法にあたってイスラム法を根拠とすることが定められているのが一般的ですが、それと同時に個人の信教の自由は守られており、イスラム教徒の宗教的な義務が異教徒に課されることはありません。

【問117】

イスラム教におけるジハードについて適切に述べてあるものを、次から1つ選びなさい。

ア　ジハードとは、戦闘行為だけでなく、イスラム教のために刻苦勉励することも含まれる。

イ　イスラム教の布教・拡大のため、すべてのイスラム教徒が一生に一度、ジハードを行なわなければならない。

ウ　イスラム教の布教・拡大のためであれば、聖職者や女性、子供などの非戦闘員を攻撃の対象とすることは許される。

エ　異教徒の侵略から、イスラム教徒が自分たちの土地、生活、生き方を守るための防衛的な戦いはジハードとはされない。

【問118】

イスラム教の創始者であるムハンマドについての説明として適切なものを、次から1つ選びなさい。

ア　ムハンマドは、唯一絶対なる神の子であるという位置づけがなされている。

イ　ムハンマドは、聖者たちの長としても崇拝され、アラビア半島各地にはその廟がある。

ウ　ムハンマドは、神から派遣された天使と位置づけられている。

エ　ムハンマドは、預言者かつ神の使徒であるとされ、模範的な人間とされる。

【問117】

［正解］ ア

［キーワード］ 異教徒 イスラム法 ジハード 聖職者

【解説】 ジハードとは、もともとアラビア語で何らかの目的のために奮闘努力することを意味する語です。戦闘行為だけではなく、精神的な闘い、刻苦勉励もそれに入ります。

イスラム教誕生後しばらくは、イスラム教の布教・拡大のためのジハードは集団の義務、つまりイスラム教徒が連帯責任を負う形で定期的に行なわなければならないとされていましたが、すべての人の義務であったことはありません。またその際、必要であれば武器を手に取りますが、それには異教徒であっても非戦闘要員は攻撃してはならないといった様々な条件が課されています。

歴史を振り返ると、かなり早い時期に布教・拡大のためのジハードは行なわれなくなっており、指揮官となるべきカリフ不在の現代では、ジハードは異教徒の侵略から自分たちの土地を守るためのものだけとなります。

【問118】

［正解］ エ

［キーワード］ イスラム法 使徒 スンナ（派） 聖者 天使 ムハンマド 預言者

【解説】 ムハンマドは40歳のころ初めて啓示を受け、メッカとメディナで布教活動をしました。啓示を受けたということで預言者であり、教えを伝える者として神の使徒とされますが、ムハンマドは神の子でもなければ、聖者でも、天使でもなく、信仰の対象ではありません。

とはいえ、彼は神に選ばれたものであり、人間としては理想的な人物であるとされ、その言行は人々の模範とされます。「スンナ」とはアラビア語で「慣習」を意味しますが、イスラムの用語では基本的にムハンマドの慣習をさし、『コーラン』に次ぐイスラム法の法源となっています。

【問119】

イスラム教の基礎用語の意味についての適切な説明を、次から1つ選びなさい。

ア 「イスラム」とは、アラビア語で「帰依」を意味する単語である。

イ 『コーラン』はアラビア語で「書物」を意味する。

ウ 「ウラマー」はイスラム教のために生涯をささげ、独身を貫く聖職者を意味する。

エ シーア派の「シーア」は、アラビア語で「ペルシャ」を意味する単語である。

【問120】

イスラム教はユダヤ教、キリスト教と深い関わりをもつ宗教であるが、3つの宗教の歴史上の関係についての説明として適切なものを、次から1つ選びなさい。

ア 『コーラン』には、モーセの五書や『新約聖書』を人間の手によって書かれたものであり、啓典、つまり聖なる書物ではないとする記述がある。

イ イスラム教は、その最初期から今日に至るまで一貫してユダヤ教やキリスト教と対立関係にあった。

ウ ムハンマドの両親はユダヤ教徒であり、ムハンマド自身、元来はユダヤ教の改革の必要を訴えていた。

エ 近代科学の基礎となった中世のイスラム科学は、ユダヤ教徒やキリスト教徒の助けを借りることで発展した。

【問119】

［正解］　ア

［キーワード］　ウラマー　『コーラン』　シーア（派）

【解説】　「イスラム」、「ムスリム」というアラビア語は、それぞれ「帰依」、「帰依者」を意味します。帰依とは「神にすべてをゆだねる」という意味です。『コーラン』は「読誦すべきもの」の意味で、目で文字を追って読むべきものではなく、声に出して詠みあげるべきものを意味します。イスラム教には、一般信徒とは異なるより厳しい規範に従う者、あるいは一般信徒を救済する力を持つ者という意味での聖職者と呼ばれるべき人々はいません。しかし、イスラム法学などイスラムに関する諸学問の専門家がいて、これらの学者を「ウラマー（アーリムの複数形）」と言います。「ウラマー（アーリム）」とは本来、「学者」、「識者」という意味のアラビア語です。「シーア」とはアラビア語で「党派」を意味します。

イスラム教の歴史の初期において、誰が指導者となるべきかをめぐって意見が分かれた際、アリーに従う人々が「シーア・アリー（アリーの党派）」と呼ばれていました。それが短くなり、アリーに従う人々が、「党派」つまり「シーア」と呼ばれるようになりました。

【問120】

［正解］　エ

［キーワード］　イスラム科学　啓典　啓典の民

【解説】　イスラム教はユダヤ教徒とキリスト教徒を啓典の民、つまり同じ唯一神から啓典を与えられた者たちと認めます。イスラム教徒はごく初期にメディナにいたユダヤ教徒のある部族と争ったことがありますが、その後の歴史を見るとユダヤ教徒を含め、啓典の民は特別な税の納入を条件に、信仰の自由を保障されていました。実際、イスラム教徒は8世紀にキリスト教徒などを使ってギリシャ語文献をアラビア語に訳すことで、哲学や医学、自然科学を受容し、さらに独自に発展させましたが、こうした展開は啓典の民との共生なしにはありえませんでした。近代以後、とくにイスラエル建国によって生じた問題には政治的な要因が大きく影響しており、単純に宗教対立と見るのは不適切です。

【問121】

ユダヤ教の戒律に関する説明として、適切なものを1つ選びなさい。

ア　ユダヤ教の戒律は「トーラー」に記されているが、これはキリスト教の『旧約聖書』の一部でもある。

イ　ユダヤ教における宗教指導者はラビと呼ばれるが、ラビが結婚することは禁じられている。

ウ　ユダヤ教徒は唯一神ヤハウェを信仰しているので、祈りの際には繰り返し神の名が唱えられる。

エ　ユダヤ教の戒律はイスラエル国内にいるときに適用されるので、国外では守らなくてもよい。

【問122】

ユダヤ教の儀礼に関する説明として、適切なものを1つ選びなさい。

ア　ユダヤ教徒の男児は『旧約聖書』の教えに従って割礼（かつれい）を施されるが、割礼はユダヤ教特有の風習である。

イ　ユダヤ教の男子の成人式はバル・ミツヴァと呼ばれるが、これは20歳になったときに行なわれる。

ウ　「過越（すぎこし）の祭」は先祖がエジプトから脱出したことを祝うもので、イースト菌のはいっていないパンを食べる。

エ　「仮庵（かりいお）の祭」は1年の罪を悔い改めるためのもので、庵を作ってその中にこもり断食を行なう。

【問121】
［正解］ ア
［キーワード］ 十戒 トーラー（律法）『ヘブライ語聖書（旧約聖書）』
ミツヴァ ラビ
【解説】 ユダヤ教は『ヘブライ語聖書（旧約聖書）』を唯一神の啓示と信じ、その最初のモーセ五書を永遠の神の啓示として「トーラー（神の教え）」と呼びます（日本語では「律法」と訳されます）。その中に神が定めた命令が613あり、「ミツヴァ（命令・戒律）」と呼ばれています。例えば「殺してはならない、姦淫してはならない、盗んではならない」などの戒律で知られる「十戒」は、偶像を作り崇拝することや、神の名をみだりに唱えることも戒めています。大半の戒律は地域に関わらず遵守すべきものです。このトーラーの解釈や法的判断を行なってきたのはラビと呼ばれる指導者です。神から人に与えられた最初の命令が「産めよ、増えよ、地に満ちよ」であることから、ユダヤ教では結婚し子を持つことが重視されます。したがってラビが独身を守らなければならないとする戒律はありません。

【問122】
［正解］ ウ
［キーワード］ 割礼 仮庵の祭 出エジプト 過越の祭
バル・ミツヴァ
【解説】 割礼はユダヤ教だけの習慣ではありませんが、その方法や意味づけは宗教により異なります。ユダヤ教の割礼は生後8日目の男児に行なわれ、これは神との契約の印とみなされます。男児は3歳よりトーラーを学び始め、13歳でバル・ミツヴァを迎えます。これは13歳の少年が誕生日の週の安息日にトーラーの一人分の朗読を担当するもので、その後、信仰共同体において成人とみなされるようになります。

「過越の祭」と「仮庵の祭」はともに出エジプトに関連する年中行事です。「過越の祭」では、ファラオの奴隷となっていた先祖がパン種に酵母を入れる余裕もないくらい慌ててエジプトを脱出したことにちなみ、酵母の入った食品は口にしません（一般的なパン、パスタ、ビールなど）。「仮庵の祭」の際には、シナイ山で放浪生活を送った先祖を思いつつ、ベランダや庭などに仮庵を作ってその中で食事や宿泊をして楽しみます。

【問123】

世界の宗教人口の説明（ブリタニカ年鑑など学術書でも参照される統計に基づく）として、適切なものを次から1つ選びなさい。

ア　大乗仏教と上座仏教を合わせると、仏教の信者数が諸宗教の中で最も多くなる。

イ　カトリックの信者はイスラム教徒よりは少ないが、プロテスタントの信者を合わせたキリスト教全体ではイスラム教徒より多くなる。

ウ　ヒンドゥー教の信者数は最近はかなり減少傾向にある。

エ　道教は現在でも中国、特にその西域に多くの信者がいる。

【問124】

ラテンアメリカの宗教についての説明として適切なものを、次から1つ選びなさい。

ア　メキシコのグアダルーペの聖母は多くの信仰を集めており、聖母出現は多くのプロテスタント教会から公認されている。

イ　カンドンブレはブラジルで広まった信仰であるが、あまりに熱狂的な儀礼がなされるので、現在は禁止されている。

ウ　ラスタファリ運動は、とくにジャマイカの黒人たちに受け入れられたが、レゲエ音楽とのつながりの深さも指摘されている。

エ　カーニヴァルはブラジルにおいて行なわれる独特の祭りで、それ以外のラテンアメリカの国々では行なわれない。

【問123】

［正解］　イ

［キーワード］　宗教人口

【解説】　2012年に米国のピュー・リサーチ・センター（Pew Research Center）が発表した比較的新しい数値によると、2010年の段階で、キリスト教徒31.5%、イスラム教徒23.2%、ヒンドゥー教15.0%、仏教徒7.1%、ユダヤ教徒0.2%です。ヒンドゥー教徒はインドの人口の約8割を占めるので、インドの人口増加とともに増えています。

【問124】

［正解］　ウ

［キーワード］　グアダルーペの聖母　カンドンブレ信仰
ラスタファリ運動　カーニヴァル

【解説】　グアダルーペの聖母の出現は、ローマカトリック教会から公認されているものです。カンドンブレはアフリカの民族宗教にルーツがあり、ブラジルで広まった民間の信仰です。オリシャと呼ばれる神々を崇拝します。カンドンブレが禁止された時代もありましたが、現在はブラジル憲法により信教の自由が保障されていて、活動が盛んで国外にも信者を得るようになっています。

ラスタファリ運動とつながりの深いレゲエ音楽が好きな人は、日本にも少なくありません。ブラジルのリオのカーニヴァルは有名ですが、もともと西方キリスト教圏で広がった復活祭前の四旬節に入る前に行なわれる「謝肉祭」のことです。ブラジルの他、南米ではボリビアやコロンビアなどのものも知られています。

【問125】

現在のアフリカの宗教分布に関する記述で適切なものを、次から1つ選びなさい。

ア　エチオピアには正教会などがあるが、大半はイスラム教徒で、キリスト教人口は1割にも満たない。

イ　サハラ砂漠以北はイスラム教徒が人口の大半を占める国がほとんどである。

ウ　ケニアやタンザニアなどのアフリカ東海岸の国々にはイスラム教徒はほとんどいない。

エ　アフリカ中部から南部にかけては、南アフリカ連邦を除いてキリスト教の信者はほとんどみられない。

【問126】

西アジアとその隣接地域の宗教に関する記述として、適切なものを次から1つ選びなさい。

ア　エジプトは現在はイスラム教圏であるが、古代エジプトでは多数の神々への崇拝が広く行なわれていた。

イ　エジプトにはイスラム教を受容する以前から住んでいるコプト教徒というユダヤ教の一派が存在する。

ウ　エルサレムはユダヤ教とキリスト教にとっては聖地であるが、イスラム教にとってはメッカのみが聖地で、エルサレムには特に宗教的意味はない。

エ　イスラム教が西アジア地域に広まって以来、この地にはキリスト教信者はいなくなった。

【問125】

［正解］ イ

［キーワード］ アフリカの宗教 宗教紛争

【解説】 アフリカの宗教には土着の要素も強いのですが、キリスト教とイスラム教に関していうならば、北アフリカではイスラム教が多く、中部から南はキリスト教徒が多いです。東は混在しているところが多いです。また西アフリカのナイジェリアのようにこれら2つの宗教がほぼ半々の国があります。同国では最近キリスト教徒とイスラム教徒の厳しい対立も報じられています。キリスト教に関しては植民地支配との関係が大きいのですが、それだけではありません。またエチオピアの正教会のように独自の背景を持つものもあります。

【問126】

［正解］ ア

［キーワード］ インドの宗教 エジプトの宗教 エルサレム
コプト教（会）

【解説】 西アジアとその隣接地域は多様な宗教の発祥の地であり、現在も複数の宗教が共存しています。イスラム教が支配的な地域であっても、ユダヤ教やキリスト教など、他の宗教の教えに従って生きている人々が普通に生活している場合が多いです。エジプトのコプト教徒、レバノンのマロン派など、その土地固有のキリスト教に属する人々も多く、西アジアはイスラムが多数派を占めるものの、それぞれの宗教への帰属意識を強くもつ人々が共存する地域です。

エルサレムの旧市街と
その城壁群

【問127】

19世紀に形成された欧米の新しい教団についての適切な記述を、次から1つ選びなさい。

ア　19世紀に英国で形成された救世軍は、社会福祉活動に力を入れており、日本では社会鍋の運動で知られている。

イ　19世紀にドイツで形成されたエホバの証人は、ものみの塔とも呼ばれるが、兵役や輸血を拒否することで知られている。

ウ　19世紀にフランスで形成されたモルモン教は、正式には末日聖徒イエス・キリスト教会といい、近く終末が訪れるということを強調している。

エ　19世紀に米国で形成されたキリスト教科学（クリスチャン・サイエンス）は、ユタ州のソルトレークに本部があり禁酒禁煙で知られている。

《テーマ別》

【問128】

聖書に関する記述として適切なものを、次から1つ選びなさい。

ア　『旧約聖書』は神の啓示に基づいてまとめられた書とされているが、最初はギリシャ語で編纂された。

イ　タナハはユダヤ教の聖書のことであり、イエスも預言者の一人として登場する。

ウ　『新約聖書』の福音書は4つあり、その中で「マルコによる福音書」が最も古い書と考えられている。

エ　『新約聖書』に示されているイエスの言動から、イエスは当時ユダヤ人の間で知られていた預言者たちについての知識はなかったと考えられる。

【問127】
［正解］ ア
［キーワード］ エホバの証人　救世軍　キリスト教科学
末日聖徒イエス・キリスト教会
【解説】 19世紀には欧米やアジアで新しい宗教が形成されましたが、世界各地域で布教している教団も多く、日本にも信者がいます。米国で形成されたエホバの証人は、日本に布教している国外の新宗教のうちでも日本人信者が多い教団であり20万人を超えています。英国で形成された救世軍は日本で年末に社会鍋と呼ばれている街頭募金を行なっていることで有名です。米国起源の末日聖徒イエス・キリスト教会（モルモン教と呼ばれることもあります）の神殿は日本にもあり、数万人の日本人信者がいます。キリスト教科学（クリスチャン・サイエンス）は19世紀の米国で創立され、ボストンに母教会があります。

《テーマ別》

【問128】
［正解］ ウ
［キーワード］ 『旧約聖書』『新約聖書』 タナハ　福音書
【解説】 キリスト教でいう『旧約聖書』はユダヤ教の聖書であるタナハを元にしていますが、ユダヤ教は『新約聖書』を聖典とはみなしていません。『旧約聖書』はもともとユダヤ教の文書であるため、一部を除きヘブライ語で記されましたが、『新約聖書』は最初ギリシャ語で記されました。

キリスト教では、カトリックもプロテスタントも東方正教会も、『旧約聖書』に加えて、イエスの言行録となる「福音書」を含む『新約聖書』を聖書とします。福音書には、「マタイによる福音書」、「マルコによる福音書」、「ルカによる福音書」、「ヨハネによる福音書」の4つがありますが、依拠している資料などの違いから内容が食い違っている箇所も見られます。イエスはユダヤ人であり、預言者たちについての知識はありました。

【問129】

宗教の教典（聖典、経典）やそれに類する書について適切に記述してあるものを、次から1つ選びなさい。

ア　ユダヤ教のトーラーは「律法」を意味するが、狭義では「創世記」のことを指す。

イ　古代ユダヤ国家の滅亡後、ラビを指導者として口伝律法の学問的集成が進められたが、それらは『タルムード』と呼ばれている。

ウ　キリスト教では『旧・新約聖書』を「正典」と呼ぶが、正典に選ばれなかった類似の諸文書は「外典」と呼ばれ、特定の者しか見ることを許されていない。

エ　ハディースは、ムハンマドが自ら書いた『コーラン』の解説書である。

【問130】

諸宗教の戒律に関する説明として適切なものを、次から1つ選びなさい。

ア　ユダヤ教の戒律は「ミツヴァ（ミツワー）」と呼ばれるが、文字通りにはユダヤ人に対する神の「命令」である。

イ　仏教において戒律と呼ばれるもののうち、「戒」は出家者が、「律」は在家信者が守るべき規範のことである。

ウ　ジャイナ教の主要な戒律は仏教と同じく5つあるが、そのうちの不殺生戒は仏教よりゆるやかで、魚介類は食べてもよいとされている。

エ　ヒンドゥー教は戒律で一般信者に牛肉を食べることを禁じているが、聖職者は例外的に祭りのときだけは牛肉を食べてもよいとされる。

【問129】

［正解］　イ

［キーワード］　『タルムード』　トーラー　ハディース　ミシュナ

【解説】　トーラーは広義には「律法」を指しますが、狭義にはモーセが書いたとされる「モーセ五書」を指します。これに、8巻の「預言者」と11巻の「諸書」を加えたものがユダヤ教の聖書を構成しますが、この聖書全体をトーラーと呼ぶこともあります。

ユダヤ教では、成文の聖書と並んで、口伝の法伝承であるミシュナも大切にされており、それに対する注釈や討論などを集めた『ゲマラ』と合わせて『タルムード』と呼ばれます。タナハ（ユダヤ教の聖書）ならびに『タルムード』の学習は、各地に離散したユダヤ人のアイデンティティを維持する上で大きな役割を果たしたと言われています。

ムハンマドが言ったこと、行なったこと、承認したことなどの記録をハディースと呼びますが、この言葉はもともと「語り」「話」を意味する言葉です。ムハンマドの行ないのなかには、模範例としてイスラムの慣行になったものがたくさんあります。

【問130】

［正解］　ア

［キーワード］　ジャイナ教　食のタブー　不殺生（戒）　ミツワー
裸行派（らぎょう）（空衣派（くうえ））

【解説】　戒律とは本来仏教語で、仏教徒が日々遵守すべき戒と、出家者集団が守るべき規則である律とを合わせた言葉です。一般用語としての戒律は宗教的命令と理解すればよく、それはユダヤ教ではミツワーと呼ばれています。ジャイナ教では5つの大戒が説かれ、そのうち不殺生戒（アヒンサー）が最も厳守を求められるものです。またジャイナ教では無所有戒（アパリグラハ）も強調され、衣服すらまとわず裸形で修行する派（裸行派、空衣派）も存在するほどです。ヒンドゥー教では牛は神聖な存在であり、その肉を食べることは誰にも許されません。

【問131】
国際会議のあとのパーティに関する指示として、適切なものを次から1つ選びなさい。

ア「この会議にはインドからの参加者が多いから、ビーフステーキを出すのはやめておきます。」

イ「この会議は東南アジアの僧侶たちを招いたものらしいから、アルコール類を出しましょう。」

ウ「この会議にはフランスやイタリアのカトリック圏の学者が多いから、ビールは避けてワインだけにします。」

エ「この会議にはシク教の人が多いらしい。肉よりも鯛や鮪の刺身を多めに出します。」

【問132】
それぞれの宗教には独特の衣装その他身につけるものがある。それらの記述として適切なものを、次から1つ選びなさい。

ア ヒンドゥー教の司祭は全身色鮮やかな袈裟を身につけているのが特徴である。

イ ユダヤ教徒の男性が頭にかぶる小さな皿状の帽子は、キッパと呼ばれる。

ウ カトリック教会でミサが行なわれるときは、男女ともヴェールをかぶることになっている。

エ イスラム教徒の男性も、本来は髪を隠すためのターバンを着けなければならない。

【問131】

［正解］　ア

［キーワード］　アルコールのタブー　牛肉のタブー　食の戒律
肉食（のタブー）　豚肉のタブー

【解説】　食物に関する戒律についての知識を持つ必要性は増しています。宗教家だけでなく、一般の人もその教えを守ろうとするので留意しておくべきでしょう。ユダヤ教徒の食の戒律は非常に細かいので、これはユダヤ教についての問題を参照してください。イスラム教徒は豚を忌避するほか、アルコールも禁じられています。ヒンドゥー教徒は牛を神聖視して食べませんし、カーストが高いほどベジタリアンが多くなる傾向にあります。上座仏教の僧侶はお布施の肉類は食べますが、アルコール類は禁じられています。

【問132】

［正解］　イ

［キーワード］　衣服の戒律　ヴェール　キッパ　ターバン

【解説】　ヒンドゥー教の司祭は儀礼に臨むときに上半身はほぼ裸です。これは所有欲を離れていることを示しています。キッパをかぶっている男性であったら、まずユダヤ教徒と考えていいでしょう。カトリック教会では男性がヴェールをかぶる規則や習慣はありません。現在のカトリック教会ではヴェールをかぶらない女性も増えました。髪を隠すターバンを巻いているのは、シク教徒の男性です。もっとも現在ではターバンを巻いていないシク教徒も多く見られます。

【問133】

宗教暦に関する記述のうち適切なものを、次から1つ選びなさい。

ア　ユダヤ教の過越の祭は日本の大晦日の祭りに当たり、各家庭では牛肉をミルクで煮た料理を作って祝う。

イ　インドやネパールなどで行なわれるホーリー祭は、新年を祝うもので、ヒンドゥー教寺院の前に多くの信者が集まって静かに祈ることで知られる。

ウ　イスラム教ではラマダーン明けにイード・アル＝フィトルという盛大な祭りが行なわれるが、これは秋の10月上旬になされる。

エ　日本の仏教では12月8日を成道会としているが、これはブッダが悟りを開いたことを祝う日である。

【問134】

国旗に宗教的意味合いが込められている場合があるが、次のA〜Dの国旗に関わる説明として適切なものを、次から1つ選びなさい。

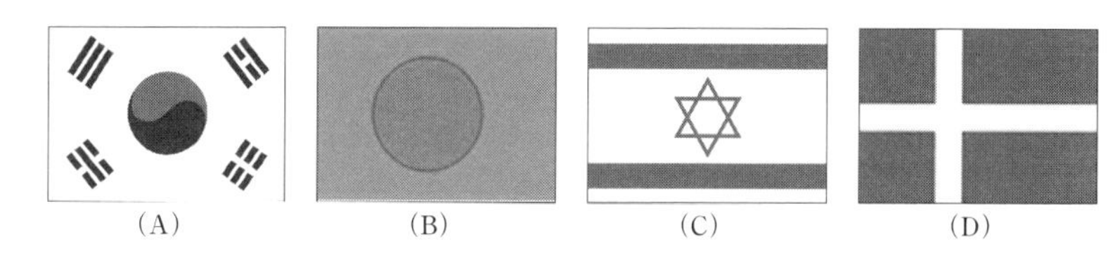

(A)　(B)　(C)　(D)

ア　Aは韓国の国旗で、真ん中の円の模様は輪廻転生の思想をあらわしている。

イ　Bは緑地に赤丸のバングラデシュの国旗で、バングラデシュの古くからの太陽崇拝を示している。

ウ　Cはイスラエルの国旗で、真ん中の三角形の組み合わせはダビデの星と呼ばれ、ユダヤ教の象徴である。

エ　Dは赤地に白い十字のデンマークの国旗で、このように十字がずれて描かれている国旗はこれだけである。

【問133】
［正解］ エ
［キーワード］ イード・アル=フィトル 成道会 過越の祭 ホーリー祭
【解説】 ユダヤ教の食事規定（カシュルート）では牛肉とミルクを一緒に料理することは禁じられています。「子山羊を、その母の乳で煮てはならない」という『ヘブライ語聖書』に示された教えを拡大解釈したものです。したがってチーズバーガーも食べません。ホーリー祭はにぎやかな祭りで色水をかけあったりしますので、この祭りのとき訪れた観光客は注意しなければなりません。イスラム暦は太陰暦であるので、一年は太陽暦より約11日短く、少しずつ季節がずれていきます。したがってラマダーン明けの第10月が秋とは限りません。

【問134】
［正解］ ウ
［キーワード］ 陰陽思想 十字 ダビデの星
【解説】 韓国の国旗の真ん中にあるのは陰陽思想をあらわすシンボルです。周りにあるのは易の八卦のうちの4つです。バングラデシュは大半の国民がイスラム教の信者であり、太陽崇拝のような信仰はありません。ダビデの星はユダヤ教、またイスラエルとつながっています。スウェーデン、ノルウェー、フィンランドという北欧の国々の国旗には、このようにずれた十字架が用いられています。

【問135】

次のA ～ Dの宗教的建造物その他に関する適切な説明を、次から1つ選びなさい。

(A)  (B) 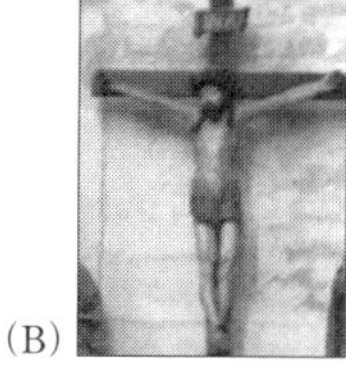 (C) 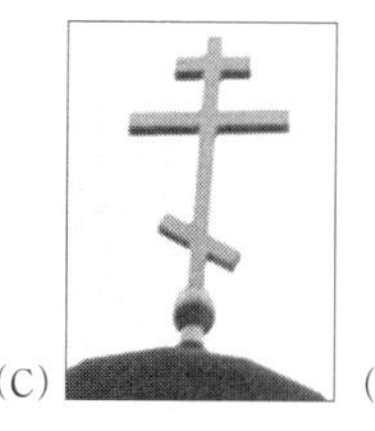 (D) 

ア　Aは千木・鰹木と呼ばれるもので、日本の寺院建築において特徴的なものである。

イ　Bは十字架上のイエス像であるが、イエスの像がある十字架はローマ・カトリック教会にしか見られない。

ウ　Cは東方正教会でよく用いられる十字架で、一つの横棒が傾いているのが特徴である。

エ　Dはモスクに付随するミナレットで、メッカの方角を示すためのものである。

【問136】

神話を題材にした美術作品の展示を企画したいと考えた。企画会議で出た次の発言から、適切なものを1つ選びなさい。

ア「日本では、近代になると神話は神聖なものとして絵にすることを禁止されました。そのため近代には日本神話を題材にした絵画の作品はありません。日本神話では企画はできませんね。」

イ「古代エジプトにも、イスラム教が広まっていたので、神々はまったく描かれませんでした。エジプト神話の企画も無理です。」

ウ「古代ローマでは、ボッティチェリの『ヴィーナスの誕生』のように神話を題材にした絵がたくさん描かれました。古代ローマと神話の特集はどうでしょうか。」

エ「平安時代からは日本でも神をかたどった像が造られるようになりました。日本神話に登場する神々の像を集めた展示を企画したいです。」

【問135】

［正解］ ウ

［キーワード］ 十字架 千木・鰹木 東方正教会 ミナレット

【解説】 千木・鰹木は神社建築を特徴づけるものです。屋根に突き出て交叉しているのが千木で、屋根の上に平行に置かれているのが鰹木です。

イエスの像がある十字架はプロテスタント教会にもみられます。ロシア正教会など東方正教会の十字架は一般に横棒が傾いています。端が8つあることから、八端十字架という呼び方もあります。斜めになった1本は、イエス・キリストとともに十字架にかけられた2人の盗賊の運命をあらわしているとされます。すなわち悔い改めた盗賊（右盗（うとう））は天国が約束されたという伝えです。

モスクに付随するミナレットは祈りを呼びかける言葉（アザーン）をなすときなどに用いられる塔です。

【問136】

［正解］ エ

［キーワード］ 『ヴィーナスの誕生』 エジプト神話 日本神話

【解説】 近代に日本神話に関する絵画は禁じられておらず、多くの作品が描かれました。1875年に文部省が編んだ教科書『日本略史』にも挿絵があります。神体であるかどうかは別問題ですが、平安時代から神像は造られていました。古代エジプトでは、神々は彫像や絵としても頻繁に描かれました。『死者の書』などにもさまざまな姿の神々が描かれています。ボッティチェリ『ヴィーナスの誕生』は、ルネッサンスを代表する名画。ルネッサンスは、ギリシャ・ローマ文化の復興という側面がありました。

【問137】

日本の仏教・神道と世界遺産に興味のある外国人旅行者にアドバイスをする場合に適切なものを、次から1つ選びなさい。

ア　日光にある神社や寺院は日本で最初に登録された世界遺産です。ぜひ見に行ってください。

イ　関東にも世界遺産となった宗教施設がありますが、代表的なものは東京の明治神宮が有名です。交通の便がいいのでぜひ行ってください。

ウ　京都には世界遺産に登録された神社や寺院がたくさんあります。清水寺、薬師寺、橿原（かしはら）神宮などがお勧めです。

エ　東北地方の世界遺産としては、浄土思想を表わす中尊寺金色堂など平泉の建築がお勧めです。

【問138】

キリスト教に関わる世界遺産の説明として適切なものを、次から1つ選びなさい。

ア　英国のカンタベリー大聖堂は、イギリス国教会が成立したのを記念して建立された。

イ　ドイツにあるノイシュバンシュタイン城は、ルターが聖書を翻訳した場所として知られている。

ウ　ファティマはポルトガルにあるキリスト教徒の巡礼地で、イエス出現の場所として有名である。

エ　トルコのイスタンブールにあるアヤ・ソフィアは、かつてはキリスト教の聖堂であったが、その後、モスクとして用いられた。

【問137】

［正解］　エ

［キーワード］　橿原神宮　中尊寺金色堂　明治神宮

【解説】　明治神宮、橿原神宮は明治、大正になって創建された新しい神社で、いずれも世界遺産には指定されていません。法隆寺は1993年に日本で最初に世界遺産に指定された宗教建造物です。世界遺産「古都京都の文化財」には二条城を含めて17の資産が含まれていますが、清水寺を除いて、薬師寺、橿原神宮は奈良県にあります。中尊寺は平安時代後期に奥州藤原氏の初代清衡によって建立されたもので、宇治平等院と並んで浄土思想建築を代表する国宝の仏教建造物です。2011年に世界遺産に指定されました。

清水寺

薬師寺

中尊寺

【問138】

［正解］　エ

［キーワード］　アヤ・ソフィア　カンタベリー大聖堂　ファティマ

【解説】　カンタベリー大聖堂はイギリス国教会の総本山とも言われる大聖堂ですが、国教会成立以前も多くの人々が訪れた有名な巡礼地でした。ファティマはポルトガルの小さな町で、20世紀初頭3人の子供の前にマリアが出現しメッセージを与えたとされ、現在、カトリック教会の正式な巡礼地となっています。ルターは、ザクセン選帝侯フリードリヒ3世にヴァルトブルグ城にかくまわれ、その一室で聖書をドイツ語に翻訳しました。トルコのアヤ・ソフィアは、もともと6世紀に東ローマ皇帝ユスティニアヌスが再建したキリスト教の大聖堂でしたが、オスマン帝国時代以降モスクとして用いられました。

カンタベリー大聖堂

アヤ・ソフィア

【問139】

現代宗教と生命倫理に関する適切な説明を、次から1つ選びなさい。

ア　1960年代の第二バチカン公会議以来、カトリックは人工妊娠中絶を全面的に認めてきた。

イ　日本の仏教教団は総じて、基本的に人工妊娠中絶には反対しているが、やむを得ない状況については理解を示している。

ウ　米国のキリスト教においては、妊娠中絶問題に関して、女性の意思を第一に尊重する立場（プロチョイス）を、胎児の生命を第一に尊重する立場（プロライフ）より尊重する傾向が非常に強い。

エ　日本には水子供養があり、どの宗教団体も総じて人工妊娠中絶を積極的に推奨する立場を表明している。

【問140】

現代宗教の聖職者や宗教的指導者と性別の関わりについて、適切な説明になっているものを、次から1つ選びなさい。

ア　ユダヤ教のラビは男性に限られており、また結婚することは禁じられている。

イ　プロテスタントにおいて、男女ともに牧師になれるが、夫婦がともに牧師になることは認められていない。

ウ　上座仏教において、男女ともに出家して僧侶になれるが、男性出家者と女性出家者の待遇は異なっている。

エ　一般的にヒンドゥー教において、寺院において儀礼を執り行なう祭司は女性である。

【問139】
［正解］ イ
［キーワード］ 生命倫理 プロチョイス プロライフ 水子供養
【解説】 カトリックは、人工妊娠中絶も器具を用いた避妊なども公認していません。米国ではフェミニズム神学においてプロチョイスが論じられており、リベラルなキリスト教徒の中にはプロチョイスの立場に立つものがありますが、カトリックは教会としてプロライフの立場を取っています。一般に保守的なキリスト教徒はプロライフです。特にキリスト教右派（あるいは原理主義）と呼ばれるような勢力は、強硬にプロライフの立場を推進していて、プロライフの推進者たちの中で宗教勢力は大きな位置を占めています。日本の仏教教団は、基本的には人工妊娠中絶に反対しています。しかし、その原則論を述べると同時に、人工妊娠中絶を行なわざるをえないような状況がありうることにも言及し、個別の状況に即して判断すべきであるとして、解釈に幅を持たせていることが多いです。水子供養の実践についても、宗教団体が人工妊娠中絶を積極的に推奨しているわけではありません。

【問140】
［正解］ ウ
［キーワード］ 祭司 ジェンダー 宗教的指導者 聖職者 僧侶 牧師 ラビ
【解説】 ユダヤ教のラビは結婚は禁じられていません。歴史的には女性のラビは認められていませんし、現在でも認めない派もありますが、近代、特に1970年代以降、米国における改革派や保守派のように女性のラビを認める派も出てきています。プロテスタントの牧師について、多くの教派では男女を問わずに牧師になることができ、夫婦がともに牧師になることについても制限はありません。上座仏教において、出家して具足戒を受けた男性を比丘（びく）、女性を比丘尼といいますが、どちらも正式な出家修行者とみなされます。比丘尼の方が守らなければならない戒律が多くあり、また比丘尼が比丘に対して守らなければならない特別な決まりが定められています。ヒンドゥー教では、家庭での儀礼に女性が関わることがあるとしても、寺院など公の場での儀礼は、基本的に男性の祭司によって執り行なわれます。

【問141】

世界の各宗教にみられる世界観や人間観の説明として適切なものを、次から1つ選びなさい。

ア　インド宗教には輪廻という考えがあるが、これは人間が死んだらまた必ず人間として生まれ変わるというものである。

イ　キリスト教においては、地獄に落ちた者も、子孫によって教会で熱心に供養してもらえば、天国に行けるようになると考えられている。

ウ　中国では、仙人は不老不死を達成した人とされてきたが、男性しかなれないと考えられている。

エ　イスラム教では預言者という存在を認めており、イエス・キリストも預言者の1人とされている。

【問142】

21世紀における世界各地の動向と宗教との関係についての適切な記述を、次から1つ選びなさい。

ア　2014年にスコットランド独立住民投票が行なわれたが、その背景にはスコットランドにおける最大勢力であるカトリックと、英国国教会との対立がある。

イ　スーダンでは2011年、南スーダンが分離独立したが、その大きな要因に北部のキリスト教徒と南部のイスラム教徒との対立があった。

ウ　ミャンマーから国外へと脱出する者が後を絶たないロヒンギャ族は、仏教国のミャンマーに暮らすイスラム教徒の少数民族である。

エ　新疆ウィグル自治区では、景教と呼ばれるネストリオス派キリスト教の信者による中国からの分離独立運動が近年盛んになりつつある。

【問141】

［正解］ エ

［キーワード］ 仙人 不老不死 預言者 輪廻

【解説】 輪廻思想では人間が人間に輪廻するだけでなく、人間が動物に輪廻したり、動物が人間に輪廻したりする場合もあると考えられています。キリスト教では子孫の供養によって地獄から救われるとは考えられていません。天国に行けるかどうかは、その人の信仰や行為によって決まるというふうに考えるのが一般的です。

中国の仙人には女性もいます。「八仙渡海」という8人の仙人が船に乗っている絵がありますが、この八仙の一人である何仙姑は女性です。

イエス・キリストはユダヤ教では預言者とみなされていませんが、イスラム教では預言者の一人としてみなされています。

【問142】

［正解］ ウ

［キーワード］ ウィグル族 スーダン内戦 ロヒンギャ族

【解説】 スコットランドの最大勢力はスコットランド国教会で、イングランドの国教会と同じではありませんが、先頃の独立運動で宗教が大きな争点になったとはいえません。対してスーダンからの南スーダンの分離独立では、南のキリスト教と北のイスラム教という宗教の違いが背景となりました。そして中国の新疆ウィグル自治区でも、自治区人口中の過半数を占めるといわれるイスラム教徒によって、独立を求める声が発せられているという現状があります。多くがイスラム教徒であるロヒンギャ族は、ミャンマーではベンガル系の不法移民と捉えられて国籍を与えられず、多数派の仏教徒との間で対立が続いています。

【問143】

宗教と日本の文学の関わりについての記述として、適切なものを次から1つ選びなさい。

ア　仏教思想が日本の文学に影響を与えていたことは『平家物語』からも読みとれる。

イ　遠藤周作の『沈黙』を読むと、日本人が実は道教思想を受け入れていたことがよく分かる。

ウ　夏目漱石の『坊ちゃん』を読むと、日本人がどうキリスト教を受け入れたかがよく分かる。

エ　吉田兼好の『徒然草』を読むと、日本人が檀家制度のもとで仏教と親しんでいった様子がよく分かる。

【問144】

宗教を題材にした美術展もしくは写真展を開きたいと考えている人から相談に乗ってくれと言われた。実現の可能性があると言えるものを次から1つ選びなさい。

ア　イスラム教を理解するため、ムハンマドの肖像画を集めた美術展を開催したい。

イ　神道を理解するため、近代にできた神社の参詣曼荼羅(まんだら)を集めた美術展を開催したい。

ウ　上座仏教を理解するため、東南アジアに現存する仏像や仏塔の写真を集めて写真展を開催したい。

エ　ユダヤ教を理解するため、『ヘブライ語聖書』の神を描いた絵を集めて美術展を開催したい。

【問143】

［正解］ ア

［キーワード］ 『沈黙』 『徒然草』 『平家物語』 文学と宗教

【解説】 日本の文学について、仏教の無常観が影響を与えたものとして『徒然草』や『平家物語』などがあります。近代に入ると近代的自我の確立ということが文学における問題となり、そこで自我をめぐる煩悶に答えるものとして宗教が捉えられ、とくにキリスト教は多くの作家に直接的、間接的な影響を与えましたが、『坊ちゃん』は無関係です。大正期には宗教文学が流行し、倉田百三の『出家とその弟子』に代表されるような親鸞ブームが起こりました。戦後には『沈黙』のように日本の文脈からキリスト教信仰のあり方を問い直すような小説も書かれました。

【問144】

［正解］ ウ

［キーワード］ 偶像崇拝 参詣曼荼羅 上座仏教

【解説】 絵画は宗教の世界観や教えや歴史などを表現する重要な文化の1つです。しかし、ユダヤ教やイスラム教などでは、神などの神聖な対象を描くことが、偶像崇拝とみなされ禁じられています。2005年9月にデンマークの新聞がムハンマドの風刺画を掲載した際、世界中のイスラム教徒がこれを非難し、外交問題にまでなりました。これは描き方がイスラム教徒が激怒するような内容であったことが主な理由ですが、そうでなくても絵画や写真の展示に宗教的戒律が関わってくることがあるので、注意を要します。

【問145】

政教分離についての記述として、適切なものを、次から1つ選びなさい。

ア　現在フランスには、公立学校では宗教を誇示するような宗教的な標章を着用してはならないとする法律があるが、これはライシテと呼ばれる原則に基づいたものである。

イ　北欧のノルウェー、スウェーデン、フィンランドではルター派（ルーテル教会）が国教となっているために、キリスト教以外の宗教が活動することはできない。

ウ　日本国憲法では政教分離が原則であり、神職、僧侶、神父、牧師などは、国立大学の教員にはなれない。

エ　米国ではキリスト教が国教であり、大統領の就任式では聖書に手を置いて宣誓する決まりになっている。

【問146】

現代における宗教とメディアについての記述として適切なものを、次から1つ選びなさい。

ア　韓国では、宗教団体がラジオ、テレビといった公共の電波を利用することは厳しく禁じられている。

イ　米国では、自前のテレビ局を持つキリスト教の団体がある。

ウ　布教手段としてのインターネットは、米国よりも日本において活用されている。

エ　ヨーロッパ諸国では宗教団体の出版する書籍は信者のためのものという考えから、一般書店では売られていない。

【問145】

［正解］　ア

［キーワード］　国教　スカーフ事件　ライシテ

【解説】　ライシテは世界的にはかなり厳密な政教分離の原則です。これゆえにフランスで1989年にイスラム教徒の少女が学校でスカーフをとるように命じられたいわゆる「スカーフ事件」が起こりました。

北欧でもキリスト教以外の宗教は活動しています。日本の国立大学にも宗教家の教員がいます。米国はキリスト教の信者が多いですが、国教ではなく政教分離が原則です。

【問146】

［正解］　イ

［キーワード］　インターネット布教　宗教放送　テレビ伝道

【解説】　20世紀後半にはラジオやテレビを利用した宗教放送は多くの国で広く行なわれるようになりました。韓国では多くの宗教番組があります。米国ではとくにキリスト教の団体がテレビ伝道をしており、自前のテレビ局をもつ団体もあります。宗教放送の団体の場合は非課税です。20世紀末にはインターネットの布教への利用も広がりましたが、日本は米国ほど広がっていません。ヨーロッパ諸国でも宗教団体の書籍は書店に数多く並んでいます。

【問147】
世界には宗教との関わりの深い大学が多いが、これに関して適切な記述を次から1つ選びなさい。

ア　米国のハーバード大学はもともとキリスト教の理念に従って運営されており、ハーバードという名称も資金を提供した牧師の名前からとっている。

イ　フランスのパリ大学はヨーロッパでもっとも古い大学の一つであるが、今でもカトリック教会が運営している。

ウ　オランダのライデン大学はカトリックによって設立された古い大学で、現在でもカトリック教会が運営している。

エ　インドのナーランダ大学は玄奘三蔵も訪れたことのある古い仏教の大学であり、今でも多くの学生が仏教を学んでいる。

【問148】
日本で宗教学を研究する場合に、ほとんどの研究者に前提とされていることとして、適切なものを次から1つ選びなさい。

ア　宗教学の研究を行なうには、何か特定の信仰をもっていてはいけない。

イ　宗教学は正しい宗教と誤った宗教の判別を行なうことを最終目的としている。

ウ　宗教学者の間で、宗教の定義として広く承認されたものがある。

エ　宗教学はさまざまな宗教を比較するという方法を重視してきた。

【問147】
［正解］ ア
［キーワード］ カトリック キリスト教 玄奘（三蔵） ナーランダ大学 ハーバード大学 パリ大学 ライデン大学
【解説】 日本以外の地域にも、宗教系の大学は多くありますが、国によって大学教育の制度は大きく異なっています。公的な地位に置かれている場合、その国の政教分離のあり方とも関わります。米国のハーバード大学は私立大学で、牧師ジョン・ハーバードの名に由来します。パリ大学は、前身はノートルダム大聖堂付属の神学校でしたが、後にカトリックとは切り離され、国庫によって運営されています。オランダのライデン大学も、もとはカルバン派神学の中心地でしたが、現在は国立の大学です。インドのナーランダは、5世紀から12世紀まで学問寺として栄え、玄奘三蔵もここで学びました。しかし12世紀のイスラム教の進出により、大学は破壊されることとなります。インドにおける仏教の衰退を象徴する出来事でした。

【問148】
［正解］ エ
［キーワード］ 宗教の定義 比較宗教学
【解説】 宗教学は、研究者の信仰の有無に関わりなく、宗教現象を客観的な立場から研究しようとする学問です。その発展過程で、さまざまな宗教を比較する方法を重視してきました。比較宗教学という言い方もあります。宗教学は、研究者に特定の信仰を強制または禁止するものではなく、特定の宗教の正邪や真偽を判定するためのものでもありません。また、宗教の定義は研究者によって異なり、合意が得られた定義はありません。「宗教学者の数ほど宗教の定義がある」と冗談に言われるくらいです。

【問149】

マックス・ウェーバーは、支配の類型を考えるにあたってカリスマ的支配という概念を用いた。この場合のカリスマに関して適切に説明しているものを、次から1つ選びなさい。

ア 厳しい訓練や修行を重ねることによってはじめて得られるとされる特別な技能。

イ ある特定の個人に備わっているいわば天賦の資質とされ、普通の人は得られないようなもの。

ウ ある家系に生まれると自然に備わるとされ、人々から愛されるような優れた人格。

エ カリスマをもった人に従うのは、最初は強制によるが、しだいに強制されなくても従うようになる。

【問150】

英国のフレーザーという人類学者は、呪術に大きく2種類あるとして、その1つを類感呪術（模倣呪術）と名づけた。その例として適切なものを、次から1つ選びなさい。

ア 賢い子どもになるようにと、両親が近所のお地蔵さんにお祈りする。

イ テニスの試合に勝つようにと、皆で寄せ書きしたものを同級生が選手になった人に渡す。

ウ 明日の遠足の日が晴れになるようにと、てるてる坊主を窓の外につるしておく。

エ パワースポットとされた場所に行き、そこの石に触って元気を得ようとする。

【問149】

［正解］ イ

［キーワード］ ウェーバー カリスマ

【解説】 カリスマという概念は、ギリシャ語で「神の賜物」を意味する言葉から派生したものです。ドイツの教会法学者R・ゾームは、原始キリスト教団について論じる際にこの言葉を用い、ウェーバーは、それを社会学の概念として導入しました。ウェーバーによると、カリスマは特定の個人に宿る非日常的な力を意味します。ウェーバーは、なぜ人が支配されることが正当化されるのかについて考え、その支配の正当性の根拠にもとづいて、カリスマ的支配、伝統的支配、合法的支配からなる支配の3類型を提示しました。

【問150】

［正解］ ウ

［キーワード］ 感染呪術 フレーザー 類感呪術

【解説】 フレーザーは、呪術を類感呪術（模倣呪術とも）と感染呪術（接触呪術とも）の2つに分類しました。前者は、類似したものは相互に影響しあうという観念にもとづくものです。たとえば、雨乞いのために雨雲を連想させる黒い煙をあげたり、雷を連想させる鉦をたたいたりすることなどがあげられます。後者は、一度接触したもの同士は、離れたあとも影響しあうという観念にもとづくものです。呪いをかけたい相手の爪や髪などを、燃やしたり傷つけたりすることが、その例としてあげられます。

上級編

チャレンジ

《日本の宗教》

【問151】

『古事記』と『日本書紀』に記された神話を記紀神話というが、その神話の説明として適切なものを、次から2つ選びなさい。

ア　海の幸と山の幸を互いに交換して、それぞれ豊かな生活ができるようになった起源を語っているのが、海幸彦と山幸彦の話である。

イ　天孫降臨と言われているのは神武天皇が高天原から中つ国に降りてきた話である。

ウ　ヤマタノオロチをスサノオが退治する話は、出雲が舞台になっている。

エ　スサノオは自分の身の潔白を示すために、アマテラスの前で禊を行なった。これが禊の起源である。

オ　「因幡（いなば）の白兎」として知られるのは、「ワニ」をだまして皮をはがれた白兎をオオクニヌシが助ける話である。

【問152】

神社の社殿の建築様式に関する説明として適切なものを、次から2つ選びなさい。

ア　大社造の「大社」とは、出雲大社のことを指す。

イ　神明造は、「天神」や「天満」と名の付く神社に多くみられる建築様式である。

ウ　春日造は、大阪の住吉大社に代表される建築様式で、白木で柱や壁を作り、萱葺（かやぶ）きであることを基本とする。

エ　八幡造は建物が前後に並んだ建築様式であるが、「八幡」の名の付く神社は、すべてこの形式である。

オ　権現（ごんげん）造は、本殿の前にまつりをする人のための拝殿を「石の間」と呼ばれる棟で連結させた建物である。

《日本の宗教》

【問151】

［正解］ ウ オ

［キーワード］ 出雲神話 海幸山幸 オオクニヌシ スサノオ 天孫降臨

【解説】 記紀神話には神々の争いや戦いなども記されています。海幸彦と山幸彦はコノハナサクヤヒメから生まれた兄弟ですが、二人の争いの末、兄の海幸彦が弟の山幸彦に降服する話です。天孫降臨はアマテラスの孫のニニギが高千穂の峯に降りた話ですが、神武天皇はニニギの子孫になります。

高天原を追い払われ出雲に来たスサノオは、そこでヤマタノオロチを退治します。禊の起源は、イザナギが黄泉の国から帰ってから、その穢れを祓うために行なったことにあるとされます。因幡の白兎の話は皮をはがれた白兎をオオクニヌシが助ける話で、これによりオオクニヌシは医療の神とされることもあります。

【問152】

［正解］ ア オ

［キーワード］ 権現造 神明造 大社造 八幡造

【解説】 神社の建築様式にはさまざまなものがあります。神仏習合の影響で寺院の建築様式を受け入れてしだいに複雑になりました。その名称は代表的な神社によるものがあります。出雲大社の大社造、春日大社の春日造、宇佐八幡宮、石清水八幡宮の八幡造がそうです。住吉大社のものは住吉造と呼ばれます。ただ八幡社がすべて八幡造かというとそうではありません。小さな八幡社の中には八幡造になっていないものもあります。

権現造は日光東照宮に代表されるような様式で、石の間があるので、「石の間造」とも呼ばれます。

【問153】

神道を学びはじめた学生が神社の由緒について議論している。適切に理解しているものを、次から2つ選びなさい。

ア「式内社というのはかなり古くからあった神社で、奈良時代に朝廷が特別な扱いをすることを決めた神社らしい。」

イ「春日大社は平安時代にできた制度である二十二社の一つだから、その頃は朝廷に重視されていたと思う。」

ウ「埼玉県さいたま市の氷川神社は、武蔵国の一の宮だったというから、今でも広い敷地があるのも納得だね。」

エ「江戸時代に総社制度というのができたらしく、各大名はそれぞれの領地にある総社に初詣に行くのがきまりだったそうだ。」

オ「名古屋市にある熱田神宮は旧官幣大社ということだけど、これは鎌倉時代にできた制度らしい。」

【問154】

伊勢の神宮に関する説明について、適切なものを、次から2つ選びなさい。

ア 神宮には皇大神宮（内宮）と豊受大神宮（外宮）と称される両宮のほか別宮、摂社、末社等と区分される宮社が存在する。

イ 神宮で行なわれる20年に一度の式年遷宮は明治以降に行なわれるようになったものである。

ウ 神宮の祭祀で用いられる米・塩の品々は神宮独自の神田や製塩施設で調達されている。

エ 現在数百万世帯が家に神宮大麻（神札）を奉っているが、これを各家庭に配っているのが御師と呼ばれる人たちである。

オ 第二次大戦後は、日本国憲法に政教分離が明記されたため、総理大臣や閣僚が伊勢神宮を参拝することはなくなった。

【問153】
［正解］ イ ウ
［キーワード］ 一の宮 官幣社 式内社 総社 二十二社
【解説】 古代から神社の格付けのような制度や呼称がありました。古代には神祇官という役所があり、そこが官社という制度をもうけました。官社の名簿は官社帳とか神名帳と呼ばれます。現存する神名帳のもっとも古いものは10世紀前半の延喜式のもので、ここに記載されている神社を式内社と言います。二十二社は平安時代に生まれた制度で、朝廷が重視した22の神社ですので畿内に集中しています。また一の宮（一宮とも表記）は、大和、尾張、越前、武蔵、駿河といったそれぞれの国で第一位にあった神社です。総社は国ごとにその国の神社の祭神を集めてまつった神社です。これも平安時代にできた制度です。官幣社（かんぺい）、国幣社（こくへい）という制度は古代の官社の制度にならって、明治政府が作った社格です。それぞれ大・中・小の別がありました。戦後は政教分離となりましたので、かつての社格を示したいときには「旧官幣大社」というような言い方がなされます。

【問154】
［正解］ ア ウ
［キーワード］ 御師 式年遷宮 神宮大麻 内宮 外宮
【解説】 伊勢神宮は正式名称を「神宮」と言います。天照大御神をまつる内宮と豊受大御神をまつる外宮を含め、全部で125の社があります。20年に一度の式年遷宮の際には、これらすべての社の移し替えが行なわれます。

式年遷宮は持統天皇の代の690年に第1回が行なわれています。15世紀後半から16世紀後半には百年以上途絶した時期がありますが、今日に至るまで続けられています。

神宮から毎年配られる神札を「神宮大麻」と言います。各都道府県にある神社庁を通して氏子の家に配られています。世帯数の減少などで頒布数は減少傾向ですが、2017年では公称で約850万体でした。

戦後は政教分離が原則となっていますが、総理大臣や閣僚が伊勢神宮を参拝する例は数多く見られます。これは、大臣などの参拝は政教分離に違反しないという考えに基づいています。

【問155】

全国約8万社の神社を包括している神社本庁に関して適切な記述を、次から2つ選びなさい。

ア　神社本庁に包括されていない神社も少数だがある。

イ　神社本庁は最初は伊勢神宮の中に置かれたが、その後東京に移された。

ウ　神社本庁の職員は国家公務員である。

エ　ハワイにも神社が複数あるが、これも神社本庁に包括されている。

オ　神社本庁が設立されたのは、第二次大戦後のことである。

【問156】

日本の仏教宗派や仏教系の新しい教団の中には国外に布教している例がある。これに関して適切な記述となっているものを、次から2つ選びなさい。

ア　浄土真宗は第二次大戦後、積極的に国外布教を行なっており、とくに東アジアでは多くの外国人信者を得ている。

イ　米国には第二次大戦後、西海岸を中心にいくつかの禅センターができ、日系でないアメリカ人の信者が多くメンバーとなった。

ウ　日本の仏教宗派は先祖供養を大切にするので、上座仏教が広まっている東南アジアの国々では、日本の僧侶を招いて寺を建てる例が増えている。

エ　昭和前期に設立された霊友会は、ただちに国外布教に着手し、とくに日系移民の多かったブラジルで多くの信者が生まれた。

オ　創価学会は戦後国外布教を開始し、日本から国外に布教を行なっている教団の中でもっとも多くの外国人信者を得ている。

【問155】
［正解］ ア オ
［キーワード］ 海外神社 神社本庁
【解説】 1945年に神社が国家管理から外れたことを受け、神祇院が廃止されました。そこで1946年に全国の神社や神職など神社関係者を統括する団体として、神社本庁が宗教法人として設立され、東京渋谷に置かれました。現在は渋谷区代々木、明治神宮に隣接した地に置かれています。神社本庁は全国の約8万社の神社を包括します。また各都道府県に地方機関として神社庁を置き、各地域の神社を統括します。しかし靖国神社や伏見稲荷大社、日光の東照宮など、神社本庁に所属していない神社もいくつかあります。ハワイにも神社はありますが、神社本庁は国外の神社は包括していません。

【問156】
［正解］ イ オ
［キーワード］ SGI 海外布教 禅センター 先祖供養 創価学会 霊友会
【解説】 浄土真宗はハワイや南米地域など、日本からの移民の多い地域で、積極的に海外布教を行ないました。1960年代には曹洞宗の鈴木俊隆によって禅センターがつくられ、カウンターカルチャーの隆盛と相まって、日系でないアメリカ人にも禅が広まっていきました。東南アジアの国々で日本の仏教宗派は戦没者慰霊などの活動を行ないましたが、現地での布教はあまり行なっていません。ブラジルで盛んに海外布教を行なっている新宗教教団としては、天理教、生長の家、パーフェクトリバティー教団が知られています。創価学会の国際組織である創価学会インターナショナル（SGI）は、世界192ヵ国・地域に公称220万人の海外メンバーがいます（2018年現在）。

【問157】

社会的な影響力をもった近代日本の仏教者に関する説明として適切なものを、次から2つ選びなさい。

ア 浄土真宗の僧侶であった島地黙雷は、明治初期に「三条教則批判建白書」を出して、明治政府の祭政一致政策を批判した。

イ 仏教大学の創設者である井上円了は、妖怪博士としても有名だが、仏教的な民俗信仰の重要性を説いた。

ウ 清沢満之（まんし）は、曹洞宗の信仰に基づいて、明治後期に精神主義を唱え、同時代人に大きな影響を与えた。

エ 法華経を重んじた田中智学は、日蓮主義を唱えて、大正時代に在家仏教教団である国柱（こくちゅう）会を創立した。

オ 密教に関心を抱いていた倉田百三（ひゃくぞう）は、大正時代に『出家とその弟子』を著して、人間としての空海を描いた。

【問158】

明治時代の仏教についての説明として適切なものを、次から2つ選びなさい。

ア 明治政府の神仏分離の令によって、仏像・仏具・経巻の破壊や除去、寺院の廃寺や統合など、廃仏毀釈と呼ばれる出来事が全国各地で起こった。

イ 1873（明治6）年までキリスト教は禁止されていたが、仏教界はキリスト教徒と提携し、信教の自由の実現を主張した。

ウ 檀家制度は明治時代に廃止となったが、檀那寺と檀家との結びつきは残り、現在にも及んでいる。

エ 明治初期には学問の立場からの仏教研究を学ぼうとする僧侶があらわれ、彼らはインドに留学して、インドの仏教研究に基づく仏教学が日本で本格化した。

オ 日本では仏教教団や仏教寺院による福祉活動や学校経営が始まったのは20世紀前半である。

【問157】
［正解］ ア エ
［キーワード］ **井上円了 清沢満之 倉田百三 国柱会 三条教則 島地黙雷 精神主義 田中智学**
【解説】 東洋大学（旧・哲学館）の創始者である井上円了は、諸学の基礎は哲学にあるとし、迷信撲滅を目的として妖怪研究を行ないました。清沢満之は、浄土真宗の信仰に基づいて精神主義を唱えました。倉田百三は『歎異抄』に強い関心を持っており、『出家とその弟子』は親鸞と唯円の関係を描いたものです。

【問158】
［正解］ ア ウ
［キーワード］ **神仏分離 檀家制度 廃仏毀釈 反キリスト教運動 仏教学 仏教の社会活動**
【解説】 明治になって新政府は、神仏分離の令（神仏判然令）により習合状態にあった神道と仏教を分離させようとし、それが廃仏毀釈と呼ばれる出来事を引き起こしました。檀家制度は廃止されましたが、新しい家制度の下で寺と檀家の結び付きは形を変えて残りました。仏教界の大勢はキリスト教に対抗しようとし、反キリスト教運動も行なわれましたが、19世紀後半にはじまった学校経営などはキリスト教の活動がモデルとなった面もありました。明治初期にヨーロッパに留学して文献学的な仏教学を学んだ僧侶によって、宗学と区別される近代的な仏教学が始められました。

【問159】

通夜の式の後の食事で、日本仏教と食について次のようないろいろな意見が飛び交った。このうち適切なものを、次から2つ選びなさい。

ア 「亡くなって49日後を『弔い上げ』といって、正式には、喪家の人はそれまで動物性の食品を食べることができないことになっているよね。」

イ 「精進料理には肉に似せて作ったがんもどきのような食材があるが、これはもともと高野山の宿坊で宿泊客に安い値段で食べてもらうために考え出されたものだということだ。」

ウ 「会社の研修で曹洞宗の総持寺に行ったが、食事も仏教の修行であるというので、食べ方や食器の扱いに細かい決まり事があって、お坊さんから指導を受けたよ。」

エ 「お茶を飲む習慣は栄西という臨済宗のお坊さんによって広まったのだと聞いたな。」

オ 「このインゲン豆は禅僧である隠元さんに由来しているそうだ。隠元は鎌倉時代に中国からやってきたお坊さんらしい。」

【問160】

日本のキリスト教に関する話をしている人たちがいた。歴史を適切に理解しているとみなせるものを、次から2つ選びなさい。

ア 「日本ではすでに江戸時代に寺子屋が広く普及していたので、開国後、小学校に関しては仏教の方がキリスト教よりも先に女子教育の普及に着手できたんだって。」

イ 「戦前、キリスト教の学校は宗教教育や宗教儀式をやめないと、尋常中学校ではなく専門学校にしかなれなくなった時期があったそうだよ。」

ウ 「先月、長崎の五島列島に遊びに行ったら、島のあちこちに数十の教会があったけれど、それはかつて長崎の出島でオランダ人牧師から洗礼を受けた信者が迫害を避けて移住したからだそうよ。」

エ 「フィリピンのマニラに行ったら、キリシタン大名の高山右近の銅像があったのだけれど、それは右近が信仰を捨てずに徳川家康によって国外追放されて、マニラで死去したからなんですって。」

オ 「長崎の原爆投下地点近くの浦上天主堂で被爆したマリア像を見たけど、この教会はプロテスタントの教会だったみたいだね。」

【問159】

［正解］ ウ エ

［キーワード］ 隠元 喫茶 精進料理 通夜 弔い上げ

【解説】 仏教は中国から日本へさまざまな文化をもたらしました。喫茶の習慣を広めるのに貢献したのは、12世紀に南宋に渡った栄西です。それまでも日本には喫茶の習慣がなくはなかったのですが、栄西により作法にのっとった喫茶の習慣が確立されました。明の時代の僧侶であった隠元は江戸時代初期の17世紀半ばに来日して禅宗の一派である黄檗(おうばく)宗を伝えましたが、インゲン豆も伝えました。日本の黄檗宗大本山の萬福寺（京都府宇治市）は、隠元が中国で得度を受けた寺の名前と同じです。

【問160】

［正解］ イ エ

［キーワード］ 浦上天主堂 潜伏キリシタン ミッション・スクール 文部省訓令第十二号

【解説】 開国期、欧米のキリスト教ミッションにより多くのキリスト教主義学校（ミッション・スクール）が設立されました。1899年、文部省が宗教教育と儀式とを禁止する内容を含む「訓令第十二号」を発しました。尋常中学校としての認可を取り消された場合、徴兵猶予と上級学校進学の特典が失われるため、多くのキリスト教主義学校が対応を迫られることになりました。一旦学校としての認可を返上したうえで、特典を回復するべく働きかけた学校、宗教教育を寄宿舎で行なうこととし、認可を維持した学校等がありました。

高山右近はジュストという洗礼名をもつキリシタン大名です。豊臣秀吉により伴天連(バテレン)追放令が出されてからは加賀の前田家に客将として招かれていましたが、徳川家康のキリシタン追放令によりフィリピン、マニラへ追放されました。五島列島には、対岸の長崎からのがれたキリシタンが潜伏していました。禁教期を通し長崎で日本と外交関係を維持していたオランダはプロテスタント国です。浦上天主堂はキリシタンが潜伏していたことでも知られる浦上に建てられたカトリック教会ですが、1945年8月9日の原爆投下により破壊されました。

【問161】

日本のキリスト教に関わる下記の記述のうち、適切なものを2つ選びなさい。

ア　上智大学は、16世紀に日本にキリスト教を伝えたフランシスコ会のザビエルが、日本に大学を建てることを願っていたことに起源をもつとされる。

イ　日本女子大学を創立した成瀬仁蔵の協力者として知られる広岡浅子は、晩年、成瀬の影響でキリスト教の洗礼を受け、婦人運動や廃娼運動など熱心な活動をしたことでも知られている。

ウ　廃娼運動や社会鍋（慈善鍋）などの様々な貧困救済活動や社会活動などで知られる山室軍平は、カトリックの修道会の一つである救世軍に属していた。

エ　日本はキリスト教作家が多いが、プロテスタントの作家として知られる曽野綾子は、同じくプロテスタント作家の三浦朱門と結婚した後は、三浦綾子として、数多くのキリスト教文学を書いている。

オ　聖路加（せいるか）国際病院の「路加」とは、イエス・キリストの弟子であったルカのことである。

【問162】

日本のキリシタンに関する説明として適切なものを、次から2つ選びなさい。

ア　島原・天草一揆において、原城に籠城して戦い、戦死したキリシタンたちの多くは、現在では教皇庁から殉教者と認められている。

イ　長崎県・奈留島の江上天主堂など、世界文化遺産になった五島列島の教会は、キリシタン時代の17世紀に建設されたものである。

ウ　大阪府にも徳川幕府による禁教期を通してキリシタンが潜伏していた地域がある。

エ　現在の長崎市で処刑され、聖人の列に加えられた日本26聖人はすべて外国人の神父や修道士であり、一般信徒は含まれていない。

オ　第二バチカン公会議までカトリックの典礼はラテン語で行なわれており、キリシタン時代の典礼もラテン語であった。

【問161】

［正解］ イ オ

［キーワード］ イエズス会 救世軍 社会鍋 ミッション・スクール YWCA

【解説】上智大学はカトリック、イエズス会の創立になる大学です。日本女子大学の創立に協力した広岡浅子は、後年日本組合教会の宮川経輝から洗礼を受け、YWCA（キリスト教女性青年会）の活動にも関わりました。山室軍平の所属した救世軍は、プロテスタント、メソジスト教会の伝道者であったウィリアム・ブースにより創立された組織です。聖路加国際病院は米国聖公会の宣教医トイスラーによって創立されたキリスト教主義病院です。路加は聖書が漢訳された際の、ルカの表記になります。『新約聖書』「コロサイの信徒への手紙」に「愛する医者ルカ」との表記があるため、福音書記者ルカは医者であるとされてきました。曽野綾子と三浦綾子は別人で、前者はカトリック、後者はプロテスタントです。

【問162】

［正解］ ウ オ

［キーワード］ キリシタン 殉教 殉教者 聖人 第二バチカン公会議

【解説】カトリック教会、教皇庁では、武器を取って戦った者を聖人や殉教者として認めていません。2018年にユネスコ世界遺産に登録された五島列島の教会は、禁教期の建物がそのまま残っているわけではなく、禁教が解除されてからの建築です。禁教期にキリシタンが潜伏していた地域はかなりの広域にわたっており、大阪府茨木市では1919年に潜伏キリシタンの居住地域からフランシスコ・ザビエルの肖像画など多くの資料が発見されました。1862年に聖人の列に加えられた日本26聖人には、日本生まれの一般信徒が多く含まれています。

1962年から65年にかけて行なわれた第二バチカン公会議はその後のカトリック教会に大きな影響を与えました。そのなかで、典礼はラテン語ではなくそれぞれの地域の言語でとり行なうことが定められました。

【問163】

日本近代に形成された新しい教団（新宗教）に関する説明として、適切なものを次から2つ選びなさい。

ア 新宗教は幕末維新期から形成されたが、初期のものとして黒住教、天理教、金光教などが挙げられる。

イ 大本（教）は大正から昭和前期にかけて、出口なおと出口王仁三郎によって設立されたが、戦前に国家的弾圧を受けるようなことはなかった。

ウ 霊友会は1930年に発会したが、戦前・戦後を通じて、この教団から他の教団が分立したことはない。

エ 生長の家や世界救世教の創始者は、大本（教）の影響を受けている。

オ 立正佼成会は法華経への信仰を重視しているが、祖霊信仰の要素はなく、先祖供養も行なっていない。

【問164】

日本で社会問題となった宗教団体に関して適切に記述してあるものを、次から2つ選びなさい。

ア 日本ではカルトの概念は明確に決まってはいないが、マスメディアでは社会問題となったり違法行為を行なったりした比較的新しい教団に対して用いられることが多い。

イ オウム真理教は神道系新宗教であり、教えの中にはキリスト教的な終末論や神による最後の審判の教えも混じっていた。

ウ 2015年に世界平和統一家庭連合と名称変更した統一教会は、もともと韓国で設立されたキリスト教系新宗教だが、1990年代頃からは霊感商法問題や合同結婚式などにより社会の注目を集めた。

エ マインドコントロールとは、催眠術を駆使してある人を宗教の信者とする手段を指す。

オ 法の華三法行（はなさんぼうぎょう）の教祖は、足裏鑑定によって病気を診断しており、数百億円の詐欺被害届が出されたことで逮捕されたが無罪となった。

【問163】

［正解］　ア　エ

［キーワード］　宗教弾圧　新宗教　先祖供養

【解説】　近代日本に形成された新しい教団は沢山ありますが、なかでも民衆の中から自発的に形成されてきた新しい宗教団体を、多くの研究者が新宗教と総称しています。その初期のものが黒住教、天理教、金光教などです。大本（教）は、戦前に2度の国家的弾圧を受けていることで有名です。霊友会系の教団は20以上ありますが、いずれも先祖供養を重視しています。霊友会系の教団のうちで最大の信者数を擁するのは立正佼成会です。

【問164】

［正解］　ア　ウ

［キーワード］　カルト（問題）　マインドコントロール　霊感商法

【解説】　新しい宗教団体の活動は、しばしば社会との軋轢を生み、社会問題を惹起することがあります。日本のマスメディアでは、社会問題化した新しい宗教団体の呼称として、しばしば「カルト」が用いられます。こうした団体が関係する社会問題に対しては「カルト・セクト問題」という言い方がされることもあります。偏見は慎むべきですが、さまざまな教団や社会問題について広く目を配り、適切な知識を得ておくことは、社会問題を引き起こす宗教が増えている現代社会においては、とくに大事になります。

オウム真理教はさまざまな宗教を取りいれています。マインドコントロールは催眠術ではありません。法の華三法行の教祖は福永法源（ほうげん）ですが、詐欺罪で逮捕され、実刑判決を受けました。

【問165】

国外で19世紀以降設立された比較的新しい教団が、日本でも活動する例がある。これについて適切に述べているものを、次から2つ選びなさい。

ア　サイエントロジーは日本では戦後に信者が増えているが、もともと19世紀にドイツで設立された教団である。

イ　モルモン教と言われているのは、正式名称が末日聖徒イエス・キリスト教会である。これは19世紀にアメリカ合衆国で設立された教団である。

ウ　エホバの証人はものみの塔とも呼ばれるが、イスラエルで19世紀に設立された教団である。

エ　一般に統一教会と呼ばれているのは、イタリアで20世紀に設立された教団である。

オ　救世軍というのは、日本でも街頭での募金活動などで知られているが、英国で19世紀に設立された教団である。

【問166】

漁業に関わる日本の信仰や習俗の説明として適切なものを、次から2つ選びなさい。

ア　漁師のもちいる漁船にはよく神霊がまつられるが、これは一般にふなだま（船霊・船玉）とよばれる。

イ　大きな川の流れる地域では、ワタツミノカミという川の神をまつる民間の行事が今でも数多くある。

ウ　古代から漁業の従事者や船舶の航行者にとり、海上からもよく見えるきれいな姿の山は、死者の霊が赴く所と考え、付近を航行の際は警戒した。

エ　エビス神は商売繁盛の信仰対象として知られるが、地域によっては海で発見された死者をエビスとして大切にする慣習があった。

オ　最初に釣り上げた魚は神に捧げるものという神道の教えの影響で、神社には必ず最初にとれた魚を供える。

【問165】

［正解］　イ　オ

［キーワード］　**エホバの証人　サイエントロジー**
世界平和統一家庭連合　統一教会　末日聖徒イエス・キリスト教会

【解説】　近代には欧米のキリスト教系の新しい教団が、いくつか日本にも布教を開始しました。米国からのものとしては、ジョセフ・スミスを創始者とする末日聖徒イエス・キリスト教会とエホバの証人（ものみの塔）が代表的な教団です。英国からの教団としては救世軍があります。戦後韓国から布教を開始したのは、文鮮明を創始者とする世界基督教統一神霊協会（統一教会）です。なお、統一教会は2015年に名称を世界平和統一家庭連合と変えました。

【問166】

［正解］　ア　エ

［キーワード］　**エビス神　生業儀礼　船霊　ワタツミ神**

【解説】　水上交通や漁労に際する神への対応は多様です。船の中には船霊がよくまつられます。住吉や金毘羅などの神社の神をまつる例もあります。ワタツミノカミは神話に登場する海の神。エビス神は海に流された由緒により、人の世界に再来するという観念が持たれ、水死体をエビス神と見る習俗は、同時に神が豊漁をもたらすともされました。航海の上で目標となる山などには神がいるとして崇められました。海川の幸に限らず、神社の祭りでは初物が重んじられますが、必要不可欠というわけではありません。

【問167】

民間信仰の説明として、適切なものを、次から2つ選びなさい。

ア 「秋葉」社や「愛宕」社は、もともと火伏や防火の神としてまつられてきた。

イ 稲荷信仰に基づいて多数の鳥居を建てる習慣は、商業地域における商売繁盛祈願の場合に限り見られる現象である。

ウ 江戸時代には富士信仰が盛んであったので、その名残の富士塚が現在でも残っているところがある。

エ 庚申（こうしん）信仰は中国から来たものであるが、「かのえさる」の日に猿の像を祭壇に飾って日中の仕事を休んで会食がなされる習俗である。

オ 酉（とり）の市は、11月の酉の日に行なわれるが、酉の日は11月には1回しか来ないので、大賑わいする。

《世界の宗教》

【問168】

道教に関する記述として適切なものを、次から2つ選びなさい。

ア 道教は中央アジアから伝えられた宗教で、漢民族の資質に合致したことから広く受容され、定着した。

イ 中国では一般に仏教寺院は「○○寺」と呼ばれるが、道教の寺院は道観と言われるので、「○○観」と呼ばれるものが多い。

ウ 道教の経典にはキリスト教の影響が強くあらわれている。

エ 道教の護符には北斗七星の護符など日本に影響を与えたものもある。

オ 道教の教団は日本にもいくつか伝えられたが、弾圧にあったりして定着しなかった。

【問167】

［正解］ ア ウ

［キーワード］ 秋葉社 愛宕社 稲荷信仰 庚申信仰 ご利益 酉の市 富士塚

【解説】 多くの神社は祭神の種類に応じて、特定の「ご利益」があるとされ、祭日には多くの参拝者が訪れるところもあります。秋葉社や愛宕社には、日本神話のカグツチ神などがまつられ、火伏や防火の神とされます。京都の愛宕山は天狗でも有名で、静岡の秋葉山本宮秋葉神社は秋葉大権現とも呼ばれています。稲荷神社には、朱色の鳥居が多く奉納されていますが、その目的は、さまざまな祈願のため、あるいは祈願の内容の成就への感謝のためと言われています。富士塚は主に関東一円に見られ、人工の築山で富士山の山開きに際して富士塚から富士山を望む風習がありました。庚申信仰は、中国の道教に由来し、庚申の夜に寝ていると体から三尸虫（さんしちゅう）が逃げ出して天帝にその人の悪事を告げるとされたため、日本でも古くから貴族の間で徹夜する風習がありました。室町時代以降、庶民にも拡がり庚申講が組織されたりしました。酉の市は11月の酉の日に行なわれますが、12日に1回めぐってきますので、年によって2回の場合と3回の場合があります。

《世界の宗教》

【問168】

［正解］ イ エ

［キーワード］ 護符（符籙（ふろく）） 仙薬 道観

【解説】 道教は老子・荘子の道家思想に根ざし、陰陽五行説、聖王伝説、神仙思想をも取り込んでいます。道教寺院は道観と呼ばれます。現世利益を得るための護符（符籙）や不老長寿の仙薬を作成し、信奉者に分け与えるなど、民衆の宗教文化に深く溶け込んでいます。唐は道教を政治的権威づけに用い、老子を「太上玄元皇帝」に追封し、「道徳経」を科挙の内容に加えました。日本では道教教団は受容されませんでしたが、陰陽道や修験道、庚申信仰にその思想や観念の影響が明らかです。

【問169】

東アジア諸国の宗教政策の記述として適切なものを、次から2つ選びなさい。

ア 日本の宗教法人法は、法人となった宗教団体に対して強力な監督権を行使できるよう規定されている。

イ 韓国は人口の約30%近くがキリスト教徒であり、宗教系の学校の中ではキリスト教系が最も多く設立が認可されている。

ウ 中国では5つの公認宗教である仏教・道教・儒教・カトリック・プロテスタントにのみ、登録された宗教施設における宗教活動が許容されている。

エ 台湾では中華民国の建国当初から信教の自由が認められ、自由な宗教活動ができた。

オ 香港では中国返還以降も自由な宗教活動が認められており、宗教団体による社会福祉活動も行なわれている。

【問170】

東アジアの葬送習俗の記述として適切なものを、次から2つ選びなさい。

ア 東アジアの国々では仏教が伝わったため、古代から葬儀は僧侶によって行なわれた。南部の沿海部には、溺死者に洗骨を施して神としてまつり、大漁を祈願する風習がある。

イ 中国では一年のうち墓参りに最適の日が決まっており、清明節と呼ばれている。

ウ 日本では鎌倉時代以来火葬が主流で、先祖代々男系家族の遺骨が一つの墓に入るという慣習が続いてきた。

エ 台湾では道教の影響が強いため、現代においても火葬に対する強い抵抗感があって、火葬の割合は1割に満たない。

オ 韓国では伝統的に、小さな丸い山型の墓に土葬することが多かったが、近年は火葬が増えている。

【問169】

［正解］ イ　オ

［キーワード］ **宗教事務条例　宗教政策　宗教団体法　宗教法人法**

【解説】 東アジアにおける宗教政策は宗教団体の認可や監督権などにおいて国ごとに異なります。戦前の日本は宗教団体法のもとで宗教を統制する色彩が強かったのですが、戦後は宗教法人法のもとで認証制度となり、多くの宗教法人が新たに登記しました。宗教活動の自由は大幅に認められるようになりました。中国では共産党政権が宗教統制の方針をとっています。宗教事務条例によって仏教・道教・カトリック・プロテスタント・イスラム教を公認宗教としています。台湾の国民党政府は1987年に戒厳令を解除するまで宗教統制を行なっていました。

【問170】

［正解］ イ　オ

［キーワード］ **火葬　清明節　洗骨　土葬**

【解説】 葬送は地域・時代によって多様です。東アジアでは土葬が近現代まで残っており、特に中国文化では火葬への抵抗が強くありました。しかし、都市化による埋葬地不足から火葬が政策的に進められ、土葬はわずかに残るだけです。沖縄や奄美では第二次世界大戦前までは土葬の後洗骨して墓に納骨していましたが、衛生上の問題と女性に洗骨を強いる慣習が女性解放運動から批判されて廃れました。日本で火葬が主流になったのは明治以降です。

【問171】

東アジアの宗教文化についての記述として適切なものを、次から2つ選びなさい。

ア 風水とは本来、その日の風向きや海・川の水位などを見て、縁起の良い方向や時間帯を知るための占いの一種であった。

イ テコンドーは、もとは中国湖北省武当山で13 ～ 15世紀に隆盛した儒教系の武道で、ブルース・リーが復活させたことで有名になった。

ウ 太極拳は中国武術として知られるが、太極陰陽学説など道教的要素が数多く取り入れられている。

エ ヨーガは中国発祥の座禅が変形して、健康増進を目的として行なわれるようになり、インドやヨーロッパに広がったものである。

オ 道元は『正法眼蔵』において洗面の作法や楊枝使用の際の作法などについて述べているが、これらは中国に渡って禅宗の作法を学んだ経験に基づいている。

【問172】

インドの宗教事情についての説明として適切なものを、次から2つ選びなさい。

ア パールシーと呼ばれるゾロアスター教徒の集団が現在ムンバイを中心に暮らしている。

イ 現在、インドの人々のほとんどはヒンドゥー教徒か仏教徒であり、ムスリムやキリスト教徒は合計しても5％以下にとどまっている。

ウ 第二次大戦後、カースト制度を守ろうとするヒンドゥー教徒と、これを否定する仏教徒の間で、国を二分する争いが起こり、現在も続いている。

エ シク教の総本山はパンジャーブ州のアムリトサルにあるが、ここにある黄金寺院にはシク教徒以外もはいることができる。

オ シク教徒の男性はかつては頭にターバンを巻いていたが、現在はターバンを着けているのは聖職者だけである。

【問171】
［正解］　ウ　オ
［キーワード］　太極拳　テコンドー　風水　ヨーガ
【解説】　風水は気の流れによって吉凶禍福が生じるという地理的思想で、住居、墓、都の位置を定めることに用いられました。テコンドーは、第二次世界大戦後に韓国の軍隊において日本の空手から考案された格闘技がスポーツとして洗練されたものです。儒教とは関係ありません。ヨーガは紀元前のインドに遡る修行方法で、心身の鍛錬法にとどまらず、輪廻転生からの解脱法として仏教、ヒンドゥー教、ジャイナ教において発展してきました。『正法眼蔵』には洗面の作法や楊枝使用が記されており、日本人の生活習慣に大きな影響を与えることになります。

【問172】
［正解］　ア　エ
［キーワード］　シク教　ゾロアスター教　ターバン　ナーナク
パールシー　南アジアの宗教
【解説】　ゾロアスター教は古代イランにおいてザラスシュトラによって開かれたとされる宗教で、3世紀に興ったサーサーン朝では国教に定められ、教義や組織の整備がなされました。しかし7世紀以降この地がイスラム帝国の支配下におかれて住民のイスラム改宗が進むと、ゾロアスター教徒の一部はインドへと移住しました。彼らはパールシーと呼ばれ、今日でもムンバイを中心に7万5千人ほどが暮らしています。

シク教はナーナクによって16世紀に創始された宗教で、インド北西部のパンジャーブ州にある黄金寺院を総本山としています。人口のおよそ1.9%が信者です。シク教徒のカールサー派の男性には髪を切らずに伸ばしターバンを巻く習慣がありますが、厳格に守らない人も増えています。男性はライオンを意味する「シン」、女性は王妃を意味する「コウル」を名乗る習慣があります。

【問173】

仏教とほぼ同じ頃に興ったジャイナ教という宗教がある。この宗教についての説明として適切なものを、次から2つ選びなさい。

ア 他人に迷惑をかけることを嫌い、信者たちも自給自足の生活を送ることが多い。

イ 不殺生の戒律を守るため、信者たちは職業として農業を選ぶ人が多い。

ウ 不殺生は重要な戒律であるので、ジャイナ教の僧侶は虫さえも殺すことがないように注意を払う。

エ 無所有ということも大事な戒律であるが、これを徹底しようと衣さえ身に着けない僧がいる派があった。

オ インドで生まれた宗教であるが、スリランカを経て東南アジアにも伝わり、現在はタイなどに百万人を超す信者がいる。

【問174】

東南アジアにおける上座仏教の説明として適切なものを、次から2つ選びなさい。

ア ミャンマーでは民主化以前の軍事政権時代、軍事政権に抗議してデモを行なう僧侶が現れ、大きな社会的影響を与えた。

イ 最近ではマレーシアでも上座仏教の信者が増え、人口の半数近くになっている。

ウ ラオスでは1970年代に共産主義政権が樹立されて、上座仏教が禁止されたために、現在でも僧侶がいない。

エ カンボジアでは1970年代にポル・ポト政権によって僧侶を含む国民の大量虐殺が行なわれたが、政権崩壊後は国外からの支援もあり僧団・僧院の復興が進められている。

オ 上座仏教の僧侶はそれぞれの国で活動すべきと考えられており、国外で布教する例はない。

【問173】
［正解］　ウ　エ
［キーワード］　戒律　ジャイナ教　白衣派　不殺生（戒）
無所有　裸行派（空衣派）
【解説】　ジャイナ教は約2500年前のインドでマハーヴィーラによって創始された宗教です。信者数は450万人ほどにとどまりインドでは極めて少数派ですが、強い結束で信仰を守っています。その特徴は不殺生や無所有を説く厳格な戒律で、特に不殺生の教えは出家者だけではなく在家者にも課され、菜食主義の生活をしています。そのため虫などの命を奪いかねない農業に携わる者は少なく、金融関係や商業の従事者が多いとされます。教団は大きくは、出家者の着衣を認める白衣派と、出家者の無所有実践を重視する裸行派（空衣派）に分かれています。

【問174】
［正解］　ア　エ
［キーワード］　還俗　上座仏教　僧院
【解説】　東南アジア大陸部の上座仏教圏では、ラオスやベトナムなど共産主義化した国家においても仏教は維持されてきました。仏教や僧侶は体制を正当化する役割を果たすこともありますが、仏教や僧侶の存続が危機に瀕するような場合には、体制に異議を申し立てることもあります。一般に出家者である僧侶に対して、直接的な暴力行為に及ぶ政権は多くはありません。しかしカンボジアではポル・ポト政権時代に、僧侶の強制還俗や僧院の破壊などが行なわれ、多くの国民が虐殺されました。一方、20世紀以降、上座仏教圏以外の国での布教も盛んになっています。加えて、諸外国からこれらの国を訪れ仏教の魅力に目覚めた人も増え、またこの地域の人々が他の国々に移住するケースも見られるようになり、欧米諸国や東アジアなどでも上座仏教が広まりを見せつつあります。

【問175】

東南アジアのある国から上座仏教の男性僧侶の一団が、日本の宗教事情を視察に来ることとなった。受け入れ側の責任者が、食事等について気をつけるべきこととして、適切なものを次から2つ選びなさい。

ア 加熱したものであっても、肉や魚を用いた料理は一切出さないようにする。

イ 午前中には軽い飲み物にとどめて食事を出さず、午後4時以降に正式の食事を用意するようにする。

ウ 女性が食事の世話をする場合には、僧侶に直接手渡しで食事を出さないようにする。

エ 緑茶、ウーロン茶、紅茶、あるいはコーヒーなど、カフェインが含まれているものは出さないようにする。

オ 日本酒やワインはもちろんのこと、ビールなどあまり度数が高くないアルコール飲料でも出さないようにする。

【問176】

世界のキリスト教について話をしている若者たちの会話のうち適切なものを、次から2つ選びなさい。

ア 「世界遺産になっているトルコのカッパドキアの教会群は、現在はイスラム教のモスクとして使われているんだね。」

イ 「キリスト生誕の地として知られるベツレヘムという都市は、現在はイスラム教徒の多く住むパレスチナ自治区内にあるそうだよ。」

ウ 「アルハンブラ宮殿は、スペインがカトリックになったことを記念する建築物なのよ。」

エ 「フィリピンはアジアで唯一、キリスト教がマジョリティな国だけれど、アメリカ統治下時代の影響で国民の大半がプロテスタントだそうだよ。」

オ 「ロシア正教会では太陽暦を使っているけれど、グレゴリオ暦ではなくユリウス暦だそうだよ。」

【問175】
［正解］ ウ オ
［キーワード］ 修行 律
【解説】 上座仏教の出家者は、227の律（戒律）を守ることが修行生活の基礎となっています。食事に関しても、いくつかの規定があります。僧侶は自ら食物を収穫したり調理したりしてはいけないため、他者からの施しに頼ることになります。僧侶の食事のために殺害したとされる動物の肉は食べてはいけないなどの特殊規定はありますが、一般に肉食は認められています。食事は1日に2度まで、朝と昼に行ないます。ただし、噛み砕く必要のある固形物でなければ、午後以降に摂取してもかまいません（飲料、飴、チョコレートなど）。アルコール類は酩酊し冷静な状態から逸脱し、悟りの妨げにもなるので、摂取してはいけません。

【問176】
［正解］ イ オ
［キーワード］ アルハンブラ宮殿 オスロ合意 カッパドキア パレスチナ自治区 ベツレヘム レコンキスタ（国土回復運動）
【解説】 内部のフレスコ画で有名なトルコのカッパドキアの教会群は、4～11世紀に奇岩を掘ってつくられたキリスト教会の遺跡として現在も姿をとどめています。ベツレヘムは、キリスト生誕の地として有名ですが、ヨルダン川西岸地区にあり、オスロ合意により、現在はパレスチナ自治区となっています。世界遺産となっているスペインのグラナダにあるアルハンブラ宮殿はイスラム王国が築いた宮殿で、美しいアラベスク模様で装飾されたスペイン・イスラム芸術の代表作として有名です。フィリピンはまずはマゼランによってスペインに知られることとなり、その際にカトリックの影響を強く受けることになります。米国がフィリピンを支配したのはその後のことです。ロシア正教会ではユリウス暦を用いているため、グレゴリオ暦を用いているカトリックやプロテスタント諸派とはクリスマスなどの行事の時期が異なります。

【問177】

世界各地のキリスト教に関する説明のうち適切なものを、次から2つ選びなさい。

ア　アイルランドは、隣国イギリスがプロテスタントとなった時の影響を受けて、今は住民のほとんどがプロテスタントである。

イ　ドイツではカトリックやルター派などの教会に属している人は、収入に応じて国に教会税を徴収される。

ウ　フランスは厳格な政教分離を掲げているが、ムスリムにはこれは適用されず、公立学校にスカーフをかぶって登校することができる。

エ　米国は政教分離が原則であるが、大統領の就任式では大統領は聖書に手を置いて宣誓するのが常である。

オ　中国では共産主義のイデオロギーに基づき宗教活動が禁じられているため、キリスト教会は存在しない。

【問178】

近代以降に日本に到来したキリスト教の教派やキリスト教系の新しい団体に関する記述として適切なものを、次から2つ選びなさい。

ア　エホバの証人（ものみの塔）は19世紀に米国で形成された教団であるが、第二次大戦前から日本に布教がなされ、信者を獲得した。

イ　末日聖徒イエス・キリスト教会は通称モルモン教であるが、米国のユタ州に本部がある。日本人信者も現在は数万人いると報告されており、東京には神殿がある。

ウ　ロシア正教が日本に布教活動を始めたのは第二次大戦後であり、信者数はカトリックに比べてずっと少ない。

エ　フランスで19世紀に創始された救世軍は、日本では社会鍋の募金活動などで広く知られるようになった。

オ　第二次大戦後はキリスト教の宗教活動が戦前より大幅に自由になったので、プロテスタントの宣教師たちは、教育への関心を抱くようになった。

【問177】

［正解］　イ　エ

［キーワード］　宗教改革　政教分離　ライシテ　ルター

【解説】　イギリスとは異なりアイルランドはカトリックが主流です。ドイツは宗教改革者ルターが活躍したことで有名ですが、プロテスタントとカトリックは人口比では共に3割程度で、主に北部や東部はプロテスタントが多く、南部はカトリックが多いという特色があります。政教分離ですが、教会に属している人には教会税が課せられています。フランスでは世俗主義を意味する「ライシテ」と呼ばれる政教分離政策によって、宗教が公的領域に関わることは厳しく禁じられています。米国では政教分離が原則ですが、大統領が聖書に手を置いて宣誓することは、特定の宗派との関わりを示すものではないので、政教分離違反と考えられていません。一方、共産主義体制の国でも宗教活動が禁止されているわけではなく、中国では国家公認の教会の他、いわゆる「地下教会」と呼ばれる非公認の教会も存在しています。

【問178】

［正解］　ア　イ

［キーワード］　エホバの証人　救世軍　社会鍋
末日聖徒イエス・キリスト教会　ロシア正教

【解説】　エホバの証人と末日聖徒イエス・キリスト教会（モルモン教）はいずれも19世紀に米国で誕生したキリスト教系の教団です。エホバの証人は、兵役や格闘技を伴う授業、輸血を拒否することで知られています。また米国のユタ州は、末日聖徒イエス・キリスト教会の信徒が非常に多く住んでいることで有名です。同じく19世紀に英国で生まれた救世軍は、社会鍋などの街頭募金などを通して、社会福祉活動に熱心なキリスト教系の団体として日本でも知られるようになりました。日本におけるロシア正教の信者の数は少ないですが、布教活動を始めたのは第二次世界大戦後ではなく、幕末明治期のことでした。プロテスタントの宣教師たちは、幕末に来日した当初から教育事業、とりわけ女子教育に熱心だったことで知られており、多くのキリスト教系学校を開き、日本の女子教育に大きな影響を与えることとなりました。

【問179】

外国から来た留学生が、自分が住んでいた国やその周囲の国のキリスト教の状況について発言したが、自分の国や周囲の国の宗教状況を的確に理解しているとみなせるものを、次から2つ選びなさい。

ア ロシアからの留学生が、「私の国は以前マルクス主義思想の影響下にあったので、キリスト教会は今でもほとんど活動できないんじゃないですか」と発言した。

イ 韓国からの留学生が、「私の国では仏教や儒教の伝統が強いため、キリスト教を信じる人は日本と同じくらい少ないです」と発言した。

ウ 中央アフリカに位置するコンゴから来た留学生が、「サハラ以南のアフリカ諸国には、ヨーロッパ人がキリスト教を持ち込みましたが、現地の人たちはキリスト教なんか信じません」と発言した。

エ ブラジルから来た留学生が、「南米のキリスト教はカトリックが主流ですが、最近ではプロテスタントも増えていますね」と発言した。

オ インドからの留学生が、「私の国はヒンドゥー教が主流でキリスト教はかなり以前から布教されていましたが、現在はイスラム教徒より少ないです」と発言した。

【問180】

一般にイスラム教の「六信五行」と呼ばれているものに関して、適切な説明を次から2つ選びなさい。

ア 礼拝とは、メッカの方向に向かい直立不動の姿勢で『コーラン』の定められた章を読み上げることである。

イ イスラム教は厳格な一神教であるため、五行の一つである信仰告白のことばには、天使や悪魔の存在を否定する内容の文言が入っている。

ウ 五行の一つである喜捨とは、金曜の集団礼拝のあとで少額の寄付をする義務である。

エ 六信の一つである啓典とは『コーラン』だけを神のことばと信じることではなく、ムハンマドに先立つ諸預言者に降されたものも含まれている。

オ ハッジ（巡礼）とは、可能な限り、一生に一度行なうべきものとされている。

【問179】
［正解］ エ オ
［キーワード］ 植民地化と宗教 ペンテコステ派 ロシア正教
【解説】 1991年のソビエト連邦崩壊以後、ロシアではロシア正教の活動が大幅に自由となり、教会に行く人の数が増えています。韓国では儒教や仏教の伝統が強いにもかかわらず、キリスト教徒の割合は人口の2～3割ほどを占めるとされています。アフリカの宗教分布は植民地化の歴史と関わりが深いものとなっています。コンゴと総称される地域は現在3つの国となっていますが、それぞれフランス、ポルトガル、ベルギーの植民地であったため、大半がカトリック教会の信徒です。ブラジルをはじめ中南米各国はアフリカ同様、ヨーロッパ諸国による植民地化の影響でカトリックの割合が高いですが、最近ではペンテコステ派などをはじめとするプロテスタントの増加が注目されています。現在、ヒンドゥー教が多数を占めるインドにはイエスの弟子であったトマスがキリスト教を伝えたという伝承がありますが、かなり古い時代にキリスト教が伝わりました。しかしイスラム教徒の数には及びません。

【問180】
［正解］ エ オ
［キーワード］ 『コーラン』 メッカ 預言者 礼拝 六信五行
【解説】 イスラム教の六信五行とは、6つの信じるべき事柄と5つのなすべき義務で、イスラム教の教えの根幹です。六信はアッラー（唯一全能の神）、天使、預言者、啓典、来世、定命（予定とも）を信じることで、五行は信仰告白、礼拝、喜捨、断食、巡礼を行なうことです。『コーラン』には複数の天使の名が登場します。なかでもムハンマドに神のことばを伝えたガブリエル（ジブラーイール）は重要な役割を果たす天使です。イスラム教では、ムハンマドは「預言者の封緘」と呼ばれ、最後の預言者とされますが、彼の前には多くの預言者がいたとされ、そのなかにはノア、モーセ、イエスなども含まれます。礼拝は1日に5回（スンナ派）定められた時間に、定められた所作でメッカに向かって行なわれます。喜捨とは一年の単位で一定以上の財産を持つ者に課される義務です。聖地メッカへの巡礼は、経済的に余裕があり健康であり、その負担に耐えられる者がなすべきものです。

【問181】

イスラム教の戒律の1つである断食、および断食が行なわれるラマダーン月に関する記述として、適切なものを次から2つ選びなさい。

ア　イスラム暦（ヒジュラ暦）の9番目の月であるラマダーン月の1ヶ月間、食事は断たなければならないが、水を飲むことは許される。

イ　ラマダーン月の間、日没後は自由に飲食できるが、異教徒と食事をともにすることは慎むべきとされる。

ウ　1ヶ月間の断食が終わった後の祭りでは、例外的に飲酒が許され、苦行を最後までやりとげたことを皆で祝う。

エ　ラマダーン月の1ヶ月間、日の出前から日没まで、一切の飲食を断つだけでなく夫婦間であっても性交渉を断たなければならない。

オ　ラマダーン月は神聖な月であるので、『コーラン』を最初から最後まで通して読むことが推奨される。

【問182】

イスラム教の第一の聖地はメッカであるが、これに関する記述として適切なものを、次から2つ選びなさい。

ア　聖地メッカはサウジアラビアにあり、五行の一つであるハッジ（巡礼）のために多くのイスラム教徒が訪れる。

イ　預言者ムハンマドに関する伝承から判断すると、ムハンマドはその生涯において一度も聖地メッカに巡礼に行ったことはないことがわかる。

ウ　聖地メッカの聖域にはイスラム教徒以外は入ることが許されない。

エ　イスラム教徒といえども、聖地メッカで写真を撮ることは禁止されている。

オ　メッカは、イスラム教徒から「啓典の民」とみなされているユダヤ教徒にとっても聖地である。

【問181】
［正解］ エ オ
［キーワード］ イスラム暦（ヒジュラ暦） 『コーラン』 断食
ラマダーン
【解説】 ラマダーン月には、日の出から日の入りまで、一切の飲食を断たなければなりません。病人、妊娠中・授乳中の女性、戦争中の兵士などは、断食を免除されますが、あとで同じ日数の断食を行なうべきだとされます。子供や老人にはこの義務は課されません。ただし、健康を害すること、生命を危険にさらすことは避けなければならないというのが基本的な考え方です。断食は斎戒のために行なうのであり、性行為も同じ理由で禁止です。人の悪口を言ったり、嘘をついたりすることも同じ理由で普段以上に慎むべきだとされます。毎日、日没をもって断食が終わると、近所、親戚、友人を招いて食事を楽しみます。異教徒の知り合いや友人も交えて食卓を囲み、人のつながりを深める機会ともなります。断食月が終わると祝祭が行なわれ、イスラム教諸国では国民の祝日となっています。

【問182】
［正解］ ア ウ
［キーワード］ エルサレム カアバ神殿 啓典の民 巡礼
聖遷（ヒジュラ） 聖地 メッカ メディナ 預言者
【解説】 メッカはサウジアラビアにあります。イスラム教の歴史のごく初期には、礼拝はエルサレムに向かって行なわれていましたが、ムハンマドが存命中にすでに礼拝の方向（キブラ）はメッカに変更されました。ムハンマドはメッカでの布教に行き詰まったあと、メディナに聖遷（ヒジュラ）しました。そのあとイスラム教徒を敵対視するメッカの勢力と戦いを繰り返した末に勝利し、630年にカアバ神殿の偶像を破壊して、メッカはイスラム教の聖地として確立します。巡礼月になると、世界中から毎年数多くのイスラム教徒が巡礼にやってきます。巡礼のやり方は、ムハンマドが亡くなる直前に行なった「別れの巡礼」にならったものと言われています。巡礼の様子はしばしば報道でも見かけますが、非イスラム教徒はメッカに立ち入ることができないので、カアバ神殿を中心とする聖モスクの写真などは、すべてイスラム教徒によって撮影されたものと考えられます。

【問183】

イスラム教徒の女性（ムスリマ）の服装に関する適切な説明を、次から2つ選びなさい。

ア　イスラム教徒の女性の着けるヴェールの色や形は、特に定められておらず、地域や階層などによってさまざまである。

イ　イスラム教徒の女性がとくに髪をヴェールでおおうのは、女性の髪は穢れているという見方による。

ウ　髪をおおうのは女性がすべきことなので、イスラム教徒の男性は髪をおおってはならないとされる。

エ　イスラム教徒の女性でも、既婚者の場合は髪をヴェールでおおわなくてもよいとされる。

オ　『コーラン』には髪あるいは顔といった、身体の特定の部分を隠すよう命じた記述はない。

【問184】

近代以後のイスラム教の説明として適切なものを、次から2つ選びなさい。

ア　イランはシーア派のイスラム教徒が多数を占める国でシーア派が国教となっているが、イラクでもシーア派の数がスンナ派を上回っている。

イ　ムスリム同胞団は、第一次中東戦争でイスラエルに対抗するために組織されたものが始まりである。

ウ　ホメイニ師がサウジアラビア出身であることから、サウジアラビアはイラン・イスラム革命を支援した。

エ　トルコ共和国はスンナ派のイスラム教徒が大半を占める国であるが、政教分離を原則としている。

オ　モロッコはイスラム圏に含まれる国であったが、20世紀はじめにフランスの保護領となったことがあり、現在では住民の過半数がカトリック信者である。

【問183】

［正解］ ア オ

［キーワード］ ヴェール 髪 『コーラン』 女性と宗教

【解説】 『コーラン』では、女性の美しさを際立たせるような身体の部分をあらわにしないことが求められています。現在では、夫、および父親や兄弟など結婚相手とはなりえない親族の男性は別として、男性がいるところでは髪をヴェールでおおうことが一般的です。また、どのようなものでおおうかについてもとくに指定はないので、地域によって、そして場合によっては個人の好みによっても、ヴェールは色も形もさまざまです。通常、女性としてまだ成熟していないこどもはヴェールを着けませんが、未婚、既婚関係なく、成人の女性は着けるべきとされます。男性の場合、その呼び名は異なりますが、伝統的な衣装の一部として頭に何らかの被り物をするイスラム教徒は多く、男性が髪を隠すことを否定する考え方はありません。

【問184】

［正解］ ア エ

［キーワード］ シーア（派） スンナ（派） 政教分離
ムスリム同胞団 ワッハーブ

【解説】 シーア派の人々が暮らす地域は集中しており、イランではシーア派が圧倒的多数で、イラクでもシーア派の方が過半数を占めます。バーレーンやサウジアラビアの東部にもシーア派は多くいます。イランはシーア派が国教であり、イラン・イスラム革命はシーア派の理念に大きく影響を受けたものです。サウジアラビアの建国の精神を支える19世紀のワッハーブ運動はスンナ派イスラムの改革運動であり、シーア派との関連はありません。またイラン・イスラム革命の指導者となった、シーア派の高位のウラマーであるホメイニ師は、生まれも育ちもイランです。エジプトのムスリム同胞団がエジプトの近代史を大きく動かしたように、イスラム諸国の政治的な動きは宗教と結びつく傾向があります。イスラム諸国の多くがかつて西洋列強の支配下にありましたが、キリスト教への大規模な改宗が起きたことがなかったのは、外国支配に対する反発がイスラム教徒の意識を高めたからとも考えられます。しかしながら、トルコのように政教分離原則を国是としている例もあり、イスラム教と政治のつながり方は国により異なります。

【問185】

東南アジアのイスラム教に関する説明として適切なものを、次から2つ選びなさい。

ア　マレーシアはイスラム教が国教であり、国民の9割以上がイスラム教徒である。

イ　ブルネイでは、イスラム世界の君主の呼び名の1つであるスルターンの称号を有した国王が国家元首である。

ウ　フィリピン北部のルソン島は、15世紀からイスラム教の盛んな地域で、現在はイスラム教徒自治地域となっている。

エ　インドネシアは、国単位で比較するなら世界最大のイスラム教徒人口を有する国である。

オ　多民族国家のシンガポールでは華人系住民が多数派を占めており、その大半が華人系のイスラム教徒である。

【問186】

現在のユダヤ人やユダヤ教徒についての記述で適切なものを、次から2つ選びなさい。

ア　ユダヤ人の総人口のうち約8割が、イスラエルまたはアメリカ合衆国に住んでいる。

イ　ナチスによるユダヤ人迫害の結果、現在、ヨーロッパにはユダヤ人はほとんど住んでいない。

ウ　日本にはユダヤ人はほとんど居住していないため、ユダヤ教の会堂（シナゴーグ）はない。

エ　イスラエルには、ユダヤ教徒ではない人も一定数住んでいる。

オ　イスラエル政府はヘブライ語を保護するため、看板などに外国語を用いることを禁じている。

【問185】

［正解］ イ エ

［キーワード］ 国教 スルターン 東南アジアのイスラム教

【解説】 イスラム教は7世紀前半にアラビア半島で創始された宗教ですが、7世紀のうちにアラビア半島から北アフリカへと広がり、さらに中央アジア・南アジア・東南アジア島嶼部にまで広がっていきました。東南アジア島嶼部への広まりは13世紀末ころからはじまります。ムスリム商人による交易などを通じて広まりました。現在のインドネシア、ブルネイでは国民の大半がイスラム教徒であり、マレーシアは約6割がイスラム教徒です。タイの南部国境地域やフィリピン南部のミンダナオ島にもイスラム教徒が多くいます。

【問186】

［正解］ ア エ

［キーワード］ イスラエル シオニズム ディアスポラ ユダヤ人迫害

【解説】 1～2世紀、帝政ローマに対し反乱を起こしたユダヤ人は、神殿を破壊されディアスポラ（離散民）となりました。ヨーロッパに移住したユダヤ人は、十字軍などをきっかけに迫害を受けるようになります。その後も迫害は断続的に続き、19世紀後半以降ピークに達します。そのような中から、シオン（エルサレムの丘の名）の地に戻り、ユダヤ人の国を再建しようとするシオニズム運動が興りました。また、大勢のユダヤ人が自由を求めて米国に渡りました。

2010年の統計によれば、米国（約570万人）とイスラエル（約560万人）にユダヤ教人口（約1,385万人）の約8割が居住し、英仏独露にもそれぞれ20～30万人が住んでいます。イスラエルの人口はユダヤ教徒76%、イスラム教徒19%で、都心部の看板はヘブライ語、アラビア語の二言語表記や英語なども含む多言語表記のものが目立ちます。日本にも小規模ながらユダヤ教コミュニティがあり、東京や神戸にシナゴーグがあります。

《テーマ別》

【問187】

宗教の教典（聖典、経典）やそれに類する書について適切に記述してあるものを、次から2つ選びなさい。

ア 仏教で『ジャータカ』と呼ばれる一群の物語は、主にブッダ（釈迦）の前世についての話である。

イ 儒教の経典である四書五経のうち、五経はいずれも孔子の弟子たちによって編まれたものである。

ウ 道教の経典は『道蔵』と呼ばれるが、これは仏教の『大蔵経』にならって編纂されたものである。

エ 「ヨハネの黙示録」は『新約聖書』の最後におかれているが、これはイエス・キリストによる予言の書である。

オ インドの古代宗教の聖典類は『ヴェーダ』と呼ばれるが、それらはインダス文明の時代に成立したものである。

【問188】

戒律としての断食に関する記述として適切なものを、次から2つ選びなさい。

ア 古代インドの伝統にしたがって、上座仏教では苦行としての断食を重要な修行の一つとしている。

イ ユダヤ教では、過去の歴史的事件にちなんでいくつかの断食日が定められている。

ウ キリスト教では、イエスが40日間断食したことにちなんで、信者も40日間の断食を行なうことが求められている。

エ イスラム教徒の戒律の一つは断食であるが、これを行なうラマダーン月は9月なので北半球では秋に当たる季節である。

オ 日本の宗教でも修行に断食を課すものがあるが、修験道では水断ちや穀断ちなどの断食行がある。

《テーマ別》

【問187】

［正解］　ア　ウ

［キーワード］　『ヴェーダ』　『ジャータカ』　四書五経　『道蔵』

【解説】　『ジャータカ』は、ブッダの前世における善行の物語で、『本生譚』とも呼ばれます。儒教の経典は、一般に「経」（経書）と呼ばれ、『詩経』『書経』『礼記』『易経』『春秋』からなります。その多くは、すでに存在していたテキストを孔子が編纂・注釈したと伝えられています。その後、多くの注釈書が書かれ、膨大なテキスト群が成立しました。宋の時代になって、『礼記』の中から『大学』と『中庸』を選び、孔子と弟子の言行を伝える『論語』、そして孟子の逸話・問答を集めた『孟子』を四書としました。「ヨハネの黙示録」は、イエス・キリストによる予言の書ではありません。『ヴェーダ』は、インドに到来したアーリヤ人が、紀元前1200年頃から紀元前500年頃にかけて編纂した聖典群で、「サンヒター（本集）」、「ブラーフマナ（祭儀書）」、「アーラニヤカ（森林書）」、「ウパニシャッド（奥義書）」の4つから構成されています。ヴェーダの宗教をバラモン教と呼んでヒンドゥー教の前身として位置づける場合もあります。

【問188】

［正解］　イ　オ

［キーワード］　修行　断食

【解説】　イスラム教はイスラム暦第9月の1カ月間、日中は断食することを信者に命じています。イスラム暦は太陰暦で、太陰暦は太陽暦より1年が11日短く、太陽暦のもとではラマダーン開始日は年々早くなっていきます。ユダヤ教でも、年に6回の断食を行なうことが定められています。イエスもユダの荒野で40日間の断食を行なっており、篤信のキリスト教徒のなかには、この出来事をしのんで復活祭に先立ち断食する者もいます。仏教では断食は戒律に含まれておらず、上座仏教でそれが推奨されることは基本的にありません。ただ大乗仏教では若干事情が異なります。たとえば比叡山延暦寺の千日回峰行「堂入り」で9日間の断食・断水・断眠・断臥が課せられます。すなわち断食は厳しい修行の一環として行なわれることがあるのです。修験道で実践される水断ち、穀断ちなどはそのバリエーションといえます。

【問189】

宗教と暦の関係について述べた説明として適切なものを、次から2つ選びなさい。

ア　イスラム暦はムハンマドによるヒジュラ（メディナへの聖遷）を紀元としている。

イ　マヤ長期暦の終わりは2012年12月に来るとする説があるが、その時間観は直線的・非循環的である。

ウ　グレゴリオ暦は16世紀にローマ教皇グレゴリオ13世によって制定され、日本でも江戸幕府はこれを採用した。

エ　現在の中国では西暦と農暦（太陰太陽暦）が併用されるだけで、イスラム暦やチベット暦は使用されていない。

オ　ロシア正教ではユリウス暦にもとづく行事がいまでも行なわれている。

【問190】

世界の神話や伝説の中にはさまざまな女神が登場するが、それについて適切に述べたものを、次から2つ選びなさい。

ア　日本神話に登場するイワナガヒメとコノハナサクヤヒメは母と娘であり、ともに大変な美人であったと記されている。

イ　インド神話に出てくるカーリーは、音楽の神として知られ、日本では弁財天としてまつられている。

ウ　ギリシャ神話に登場するアプロディテ（アフロディテ）は、美の女神として有名であるが、ローマ神話ではウェヌスという女神になる。

エ　『ヘブライ語聖書』に登場するエバは、女神ではなく、神によって創造された最初の女性である。

オ　中国の伝説に登場する織姫は『西遊記』にも描かれ、そこでは孫悟空が織姫から貴重な桃を盗んでいる。

【問189】
［正解］ ア オ
［キーワード］ グレゴリオ暦 太陰暦 ユリウス暦
【解説】 現在では世界の多くの地域で、西暦、グレゴリオ暦が用いられています。同じキリスト教でもカトリックは現在グレゴリオ暦を使用しますが、多くの東方正教会はユリウス暦を使用します。イスラム暦は純粋な太陰暦でヒジュラ暦と呼ばれますが、それはヒジュラのときを元年としているからです。ヒジュラ暦元年は西暦622年にあたります。近代以前は宗教や文化の違いごとに異なる暦が使われていたので、それを併用している文化もあります。中国、韓国、ベトナムなどでは旧暦（太陰太陽暦）によって新年を祝う伝統を保っています。

【問190】
［正解］ ウ エ
［キーワード］ アフロディテ インド神話 エバ カーリー ギリシャ神話 『旧約聖書』 コノハナサクヤヒメ 日本神話
【解説】 女神といっても、生産や豊饒性といった女性機能の結びついた女神もいればギリシャ神話のアテナや日本神話のアマテラスのように処女神で、ときに戦闘と関わるような存在もあります。日本神話のイワナガヒメとコノハヤサクヤヒメは日向神話に登場する姉妹で、姉は醜いのですが、名に「石」をもつように永遠の生命を象徴します。コノハナサクヤヒメは、花のような繁栄とともに生命のはかなさを象徴しているとされます。インド神話で川の神であったサラスヴァティーは、日本では弁財天として知られ、宗像三女神のイチキシマヒメと習合しました。ローマ神話のウェヌス（英語ではヴィーナス）は、ギリシャ神話のアフロディテと同一視されます。『ヘブライ語聖書（旧約聖書）』の「創世記」によると、神は、土の塵から作ったアダム（人間）を眠らせ、そのあばら骨からエバを作ったと言います。織姫は七夕の伝説に登場し、西遊記で桃に関係して出てくるのは西王母です。

【問191】

世界の各宗教には数多くの聖地があるが、それに関する次の記述のうち、適切なものを2つ選びなさい。

ア　仏教の聖地の1つであるブッダガヤは、ブッダが誕生したとされる場所である。

イ　エルサレムはユダヤ教、キリスト教、イスラム教の3つの宗教の聖地とされている。

ウ　秩父観音霊場の札所数は34ヶ寺である。

エ　メッカへの巡礼はイスラム教徒以外でも可能である。

オ　スペインのサンティアゴ・デ・コンポステーラは、聖母マリア出現を契機にカトリック教徒の聖地として栄えるようになった。

【問192】

宗教と倫理や道徳あるいは社会規範などとの関わりについての説明として、適切なものを次から2つ選びなさい。

ア　ジャイナ教では、在家者であっても不殺生をまもるべきであるとされており、例えば食物について、菜食主義的な決まりが定められている。

イ　キリスト教では、神の無償の愛であるアガペーにならって「自分を愛するように隣人を愛すること」（隣人愛）と説く。

ウ　イスラム教では富める者は貧しい者に施しをする喜捨の義務があり、非常に豊かな者であると、収入の半分を施しとして貧しい者に与えるのが通例である。

エ　ヒンドゥー教では、業（行為）に基づく因果応報の法則を説き、もっとも重い罪を犯した者は地獄で永遠に苦しむとされている。

オ　儒教では人間関係は自由で平等であることがもっとも望ましいと考え、男女の差別をもうけないことが特徴である。

【問191】
［正解］ イ ウ
［キーワード］ サンティアゴ・デ・コンポステーラ 秩父観音霊場 ブッダガヤ
【解説】聖地へのアクセスは、すべての人々に開放されているものと、信徒に限定されているものがあります。ブッダガヤはブッダの悟りの地です。エルサレムは3つの一神教の聖地ですが場所はそれぞれ別々です。西国観音霊場33番、坂東観音霊場33番であるのに対して、秩父は34番で、3つの霊場をあわせて100観音とされています。カアバ神殿をめざすメッカ巡礼はイスラム教徒の宗教的義務であり、イスラム教徒でない者には許されていません。サンティアゴとは聖ヤコブ（英語表記はSt. James）の意味で、マリアではなく使徒ヤコブの埋葬地とされた場所です。

ブッダガヤ

【問192】
［正解］ ア イ
［キーワード］ アガペー 因果応報 喜捨 儒教 道徳 不殺生（戒） 倫理
【解説】ジャイナ教では、出家者の方がより徹底していますが、在家者も不殺生をはじめとする5つの誓い（不殺生、不妄語、不偸盗、不邪淫、不執着）をまもることが重要視されます。キリスト教では、神の人間に対する愛を、見返りを求めない無償の愛であるとし、これをアガペーと言います。キリスト教徒は、同様に無償の愛を以て自分の隣人に接するべきであると説かれています。イスラム教では、一定以上の財産、つまり収入から生活費などを引いて残ったものがある者は、一般的に2.5%を喜捨として出すことを義務としています。ヒンドゥー教はこの世での善行を推奨していますが、その背景には因果応報に基づいた輪廻説があり、解脱しない限りは永遠に生まれ変わり続けるとされています。ナラカ（奈落）という地獄に相当する地下世界があるとされていますが、そこから生まれ変わることも想定されていて、永遠にそこで苦しむとはされていません。儒教は、この世で良き人間関係を築くことを強調していて、そのための「長幼の序」「朋友の信」など関係性に応じた適切な振る舞い方を説いています。男女の間にも違いがあるとされていて、特に女性については「三従（父や夫や子に従うこと）」のようなことも言われています。

【問193】

布施や喜捨に類する行為に関する説明として適切なものを、次から2つ選びなさい。

ア 菩薩道を最も重んじる上座仏教では、僧侶への布施も愛他的行為の一つと考える。

イ ヒンドゥー教では富める者が貧しい者に施しをするのは当然とされ、これにより良いカルマが得られると考えられている。

ウ ユダヤ教では、聖書に「施しをするときには、右の手のすることを左の手に知らせてはならない。あなたの施しを人目につかせないためである」とあるように、施しは人に知られないように行なうのがいいと考える。

エ キリスト教では、隣人愛の実践は重視されており、福音書の中に出てくる「よいサマリア人」のたとえも、隣人愛のあり方について語っている。

オ イスラム教では、喜捨は信者が守るべき5つの義務の一つであり、たとえ貧困者でもイスラム教徒は、必ず毎年定められた割合の財を提供しなければならない。

【問194】

宗教とジェンダーに関わる事項で適切な説明であるものを、次から2つ選びなさい。

ア 歴史的な宗教は優れた創始者によって始められたので、男女の性別役割規範（ジェンダー）のようなものはみられません。

イ 日本の仏教では、血盆経という経典に基づいて、女性は月経があるために血の汚れがあって男性より劣るという考え方をした僧侶もいました。

ウ 日本の山岳修験では、男女平等の世の流れを受けて、明治以降は登拝山域の女人禁制はすべて廃止されました。

エ 日本の新宗教には女性教祖が多いので、女性の方が優位とするような考えが一般的です。

オ 新宗教は神社神道や仏教宗派に比べると、支部長、教会長など教師的役割を果たす女性の割合が一般的に高いのが特徴です。

【問193】

［正解］ イ エ

［キーワード］ カルマ 喜捨 布施 隣人愛

【解説】 菩薩道は大乗仏教で発達した考え方です。ヒンドゥー教では施しが良いカルマを得る一つの方法と考えます。「右の手のすることを左の手に知らせてはならない」というのはキリスト教の『新約聖書』に出てくる言葉です。キリスト教では隣人愛は重要な倫理徳目です。イスラム教では一定の財産がある人は喜捨をすることが求められます。

【問194】

［正解］ イ オ

［キーワード］ 血盆経 宗教とジェンダー 女性教祖 女人禁制

【解説】 宗教の中には女性や女性の生理あるいは出産を汚れとみなすものがあります。近代に形成された宗教よりも、伝統的な宗教にその傾向が強いといえます。仏教に見られる例の1つが、血盆経という経典に示された考えです。山岳修験の聖地である大峯山は、現在でも女人禁制とされています。新宗教の中には教祖が女性であったり、後継者が女性であったりする例もありますが、女性を優位とするような考え方が一般的であるとはいえません。

紀伊山地の霊場と参詣道

【問195】

各宗教の死や死後の世界についての教えに関して、適切な記述を次から2つ選びなさい。

ア　キリスト教やイスラム教では、人間は被造物であるが、行ないによっては死後神となれる。

イ　インドの輪廻思想では、この世で人間であるものも、その行為によって次には動物に生まれることもありうる。

ウ　仏教の解脱の考えでは、悟りを開いた人間はただちに天国に行ける。

エ　道教には不老不死を理想とする考えがあるが、これを達成するためには苦行を重ねることが必ず求められる。

オ　イスラム教にも終末という観念があり、終末が来るとすべての人はアッラーによって裁かれるとされている。

【問196】

世界の宗教紛争に関する適切な説明を、次から2つ選びなさい。

ア　北アイルランド紛争は、カトリック系の住民が多い地域にイスラム教の影響が拡大したことから起こった。

イ　インドのヒンドゥー教とイスラム教の近年の対立の例として、1990年代のインド北部の都市で由緒あるモスクがヒンドゥー至上主義者に破壊された事件が有名である。

ウ　アフガニスタンでは、タリバーンはもともと学生、神学生を意味する言葉であり、彼らは政治・軍事活動には一切かかわらず、多くは研究活動に従事している。

エ　歴史上有名な16世紀のユグノー戦争は、フランスにおいて勢力を拡大しつつあったプロテスタントが、カトリックと対立したことに起因する内戦であった。

オ　シオニズムは、キリスト教徒が聖地エルサレムを奪還しようとした運動であり、このため中東のイスラム勢力と米国の緊張関係が生じることになった。

【問195】

［正解］ イ オ

［キーワード］ 地獄 終末 天国 被造物 輪廻

【解説】 宗教や宗派の違いにより死後の世界についての考え方は異なります。輪廻という考え方はインド宗教に特徴的で、ヒンドゥー教や仏教などに共有されています。解脱は輪廻しなくなることでもあります。歴史的時代が終わり終末が来るという考えはキリスト教にもっとも強くあらわれますが、イスラム教にも終末という観念があります。中国の道教では不老不死あるいは不老長寿を理想とする考えもあり、そのためには徳を積んだり、仙人になるための薬を服したり、修行をしたりなどいくつかの方法があるとされます。

【問196】

［正解］ イ エ

［キーワード］ 北アイルランド紛争 シオニズム タリバーン ヒンドゥー至上主義

【解説】 1562年に始まり1598年のナントの勅令発布によって終結したユグノー戦争は、カトリックと新興勢力であるプロテスタントとの争いでした。このキリスト教の新旧二派の紛争は、20世紀後半でも、30年間に及んで北アイルランドで展開されています。インドでは1992年にヒンドゥー至上主義者たちが、ヒンドゥー教聖地に16世紀に建築されたモスクを破壊し、これがきっかけになってインド各地で暴動が発生し多数の死傷者が出ました。これはアヨーディヤー事件と呼ばれます。アフガニスタンでは、タリバーンはイスラム神学生のこと指しましたが、彼らは研究活動にとどまらず、混乱するアフガニスタンの政治状況に対して原理主義的活動に身を投じてきました。シオニズムとは、ユダヤ人国家をパレスチナに再建しようとする運動のことで、それは1948年のイスラエル共和国建国でひとまず終結しました。しかしそれ以降、新たにパレスチナ問題が引き起こされることになり、現在に至っています。宗教紛争と一口にいっても、実際には様々な要因が関係していることに注意して下さい。

【問197】

宗教映画のDVDを観た2人が感想を述べ合っている。宗教文化について適切に理解していると思われるものを次から2つ選びなさい。

ア 「『ベン・ハー』という映画ではローマ帝国に支配されたイスラエルの民が描かれているけど、イエス・キリストが出てきた。だからあれは1世紀後半の時代を描いた映画だね。」

イ 「モーセが登場する『十戒』という映画を観たけど、十戒は『旧約聖書』の中に出てくる話だね。」

ウ 「『少女は自転車に乗って』という映画は、サウジアラビアに住む少女が自転車に乗ることを夢見る姿を描いている。この国では最近まで女性が自動車を運転することが認められていなかったらしいね。」

エ 「『リトル・ブッダ』という映画には、ブッダの生涯も描かれているけど、ブッダは結婚していたんだね。だから日本のお坊さんもそうだけど、世界的には僧侶が結婚するのは別にめずらしいことじゃないんだ。」

オ 「チャールズ・ディケンズの小説をもとにした『クリスマス・キャロル』という映画を観たけど、クリスマスというのは英国で始まった風習みたいだね。」

【問198】

現代日本における宗教教育の現状について適切に記述してあるものを、次から2つ選びなさい。

ア 宗教系の学校としては、神道系、仏教系、キリスト教系、新宗教系があるが、そのうち最も多いのは、キリスト教系である。

イ 宗教系の中学校や高校は、戦前は仏教系の学校が最も多かったが、戦後は神道系が最も多い。

ウ 戦後になると宗教系の中学校や高校では、宗教の情操的教育は認められるようになったが、宗教儀礼などに生徒を参加させてはならないことになっている。

エ 初等及び中等教育において日本神話について扱うことは、戦前は義務であったが、戦後は逆に禁止されている。

オ 仏教系の学校では生徒にも座禅をさせているところがあるが、こうした儀礼や実践は生徒に強制しているのでなければ認められている。

【問197】

［正解］ イ ウ

［キーワード］『クリスマス・キャロル』 宗教映画 十戒
『ベン・ハー』『リトル・ブッダ』

【解説】 十戒は『旧約聖書』の「出エジプト記」と「申命記」に書かれていますが、モーセはユダヤ教とキリスト教に関わる人物です。サウジアラビアで女性の運転が認められたのは2018年6月です。ブッダは結婚し、男児をもうけてから求道の道を選びました。現在日本以外のほとんどの国では仏教僧の妻帯は戒律で禁じられています。日本仏教と上座仏教には戒律面では大きな違いがあります。クリスマスは古代ローマ帝国時代に遡りますが、現在のクリスマス行事は、クリスマス・ツリーなど初期にはなかったものがあります。

【問198】

［正解］ ア オ

［キーワード］ 宗教教育 宗教系学校 修身 宗派教育
情操的教育 日本神話

【解説】 現在の宗教系学校はカトリック、プロテスタントを合わせたキリスト教系の学校が最も多く、ほぼ3分の2を占めています。次いで仏教系、新宗教系、神道系の順となります。1948年の学制改革前も、キリスト教系の中等教育学校の数が多くを占めました。

日本の神話は、戦前は歴史の冒頭に位置づけられたり、国語や修身といった科目で取り上げられましたが、戦後の神道指令などにより、とくに歴史の文脈からは排除されました。近年は小学校の国語などで昔話と同じような形で取り上げられるようになっています。

戦後は憲法や教育基本法によって国公立の学校で宗派教育や宗教的活動が禁止されるなど、特定宗教に偏った教育にも制約が加わりました。しかし宗教立の学校では宗派教育が可能で、関連する教典について教えたり、学校行事に宗教儀礼を組み込んでいるところがあります。

【問199】

さまざまな宗教研究者がこれまでに行なってきた宗教の定義を正確に紹介した記述を、次から2つ選びなさい。

ア エドワード・B・タイラーは「霊的存在への信仰」という要素が、あらゆる文化にあてはまる宗教の最小限の定義であると主張した。

イ ジェームズ・G・フレーザーは一神教を重要視する立場から、唯一の神的存在との交わりこそが宗教であると論じた。

ウ マックス・ミュラーはアフリカ宗教についての長年の研究をもとにして、物に宿った霊力を信じることが宗教の本質であると述べた。

エ エミール・デュルケムは聖俗の観念、儀礼、教会の3つの要素から宗教を定義することが適切であると述べた。

オ ルドルフ・オットーは、人間が究極的関心をもって何かに関わることが宗教であると定義づけた。

【問200】

宗教社会学に関する研究者についての説明として適切なものを、次から2つ選びなさい。

ア マックス・ウェーバーの研究はプロテスタントだけでなく、儒教・道教・ヒンドゥー教・仏教のような東洋の宗教にも及んでいる。

イ エミール・デュルケムが『宗教生活の原初形態（基本形態）』で取り上げたのは、オーストラリアの先住民アボリジニのトーテミズムであった。

ウ ヨアヒム・ワッハによる宗教集団の2タイプとは、デノミネーションとセクトである。

エ ロバート・ベラーは宗教の進化を論じたが、その最終段階にあるとされるのが制度宗教である。

オ トマス・ルックマンの論じた「見えない宗教」とは、信者が徐々に消えていって社会的影響力を喪失しつつある宗教集団の状況を指している。

【問199】
［正解］　ア　エ
［キーワード］　**究極的関心　聖なるもの　タイラー　デュルケム　フレーザー　マックス・ミュラー　霊的存在**
【解説】　宗教の定義に関して、宗教研究者の間で合意が得られたようなものはありません。タイラーやフレーザーは、霊的な存在を認めることや人間を超えた力を認めることに宗教の定義を見出しています。デュルケムやオットーは、「聖なるもの」を定義の中心に置きました。またミュラーは、「無限なるものを認知する心の能力」を宗教と定義しました。ちなみに、1961年に文部省（現・文部科学省）調査局宗務課がまとめた小冊子『宗教の定義をめぐる諸問題』には、104種類の宗教の定義があげられています。

【問200】
［正解］　ア　イ
［キーワード］　**宗教の進化　セクト　デノミネーション　デュルケム　トーテミズム　見えない宗教　ルックマン　ワッハ**
【解説】　ウェーバーは、西ヨーロッパの近代化に果たしたプロテスタンティズムの役割に注目しましたが、同時に世界宗教を比較するため、東洋の宗教にも着目しました。デュルケムは宗教の社会的な側面に注目し、アボリジニのトーテミズムを取り上げ、社会が個人の宗教的観念に与える影響の大きさを論じました。ワッハは合致的宗教集団と特殊的宗教集団の2類型を提示しました。ベラーは宗教進化図式を提唱し、原始宗教、古代宗教、歴史的宗教、初期近代宗教、現代宗教の5つの段階を提示しました。ルックマンは、教会などの制度的宗教に着目しただけでは十分に理解できない個人化された宗教を「見えない宗教」と呼びました。

付録

役に立つ資料とデータ

《付録》役に立つ資料とデータ

1. 日本と世界の宗教統計

(1) 世界の宗教人口

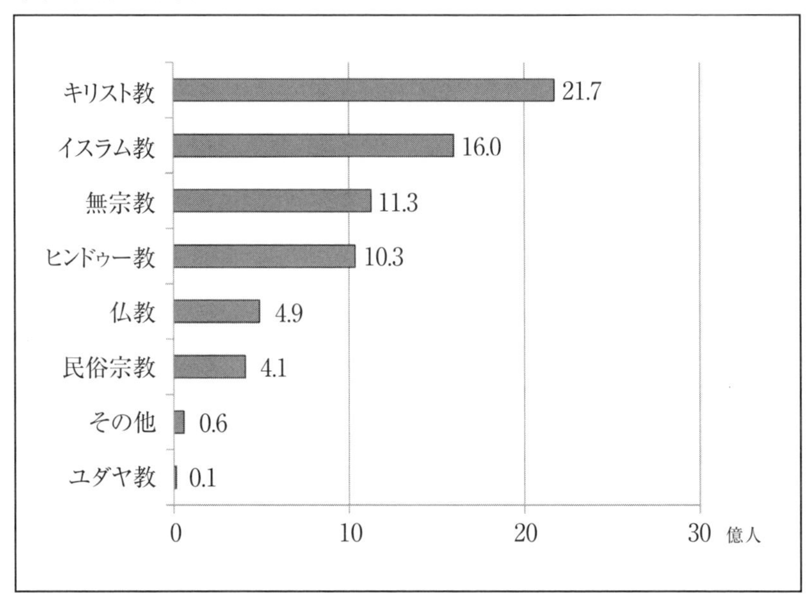

Pew Research Center (2012) "The Global Religious Landscape, A Report on the Size and Distribution of the World's Major Religious Groups as of 2010" より作成

【解説】 キリスト教は、カトリック、プロテスタント、東方正教会などを合わせたものである。

イスラム教は、スンニ派、シーア派を合わせたものである。

仏教は、上座（部）仏教、大乗仏教を合わせたものである。

民俗宗教は、それぞれの地域の土着の宗教である。

(2) 宗教別の人口増加

a. 宗教別人口比較（1910年と2010年）

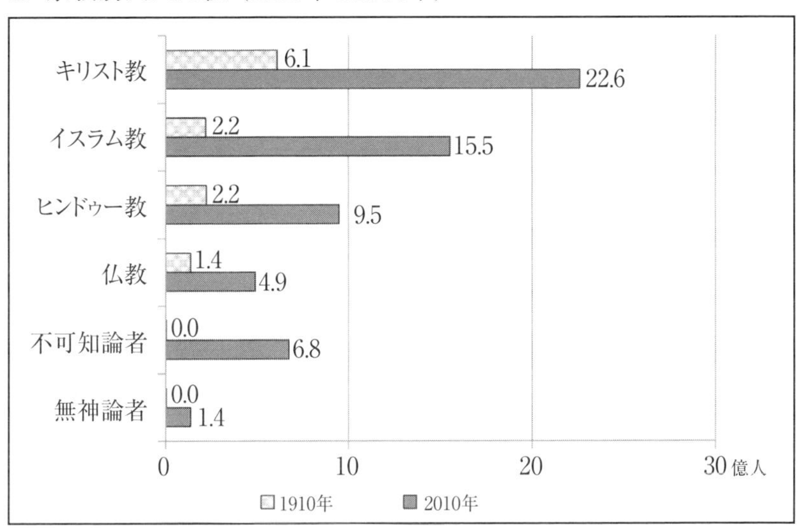

b. 宗教別人口比率の比較（1910年と2010年）

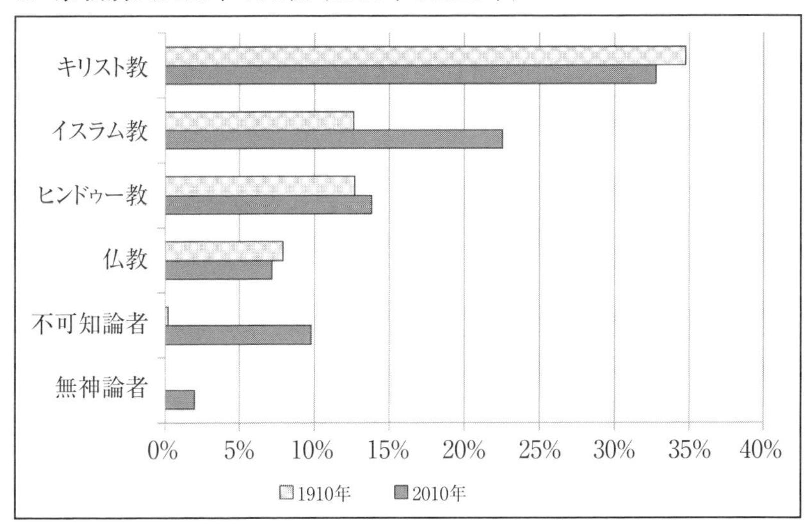

Johnson, Todd M. & Grim, Brian J. (2013) "The World's Religions in Figures: An Introduction to International Religious Demography"より作成

【解説】 世界の人口は1910年には16～17億人であったのが、2010年には約69億人と約4倍に増加している。それを考慮に入れるとイスラム教徒の増加率はこれを大幅に上回っている。キリスト教、ヒンドゥー教、仏教は、全体の増加におおよそ比例している。また、1910年にはほとんど存在しなかった無神論者や不可知論者（神が存在するか否かはわからないとする立場）も大幅に増加したことがわかる。

(3) 日本の宗教人口

a. 宗教法人を対象とした調査結果

［宗教別の信者数］

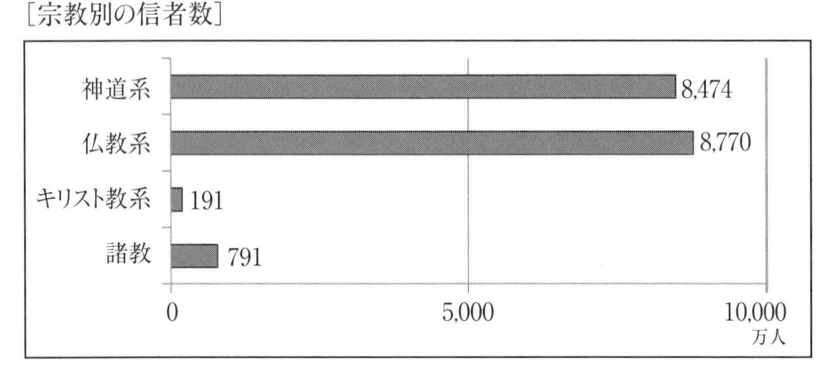

［仏教系宗派別の信者数］

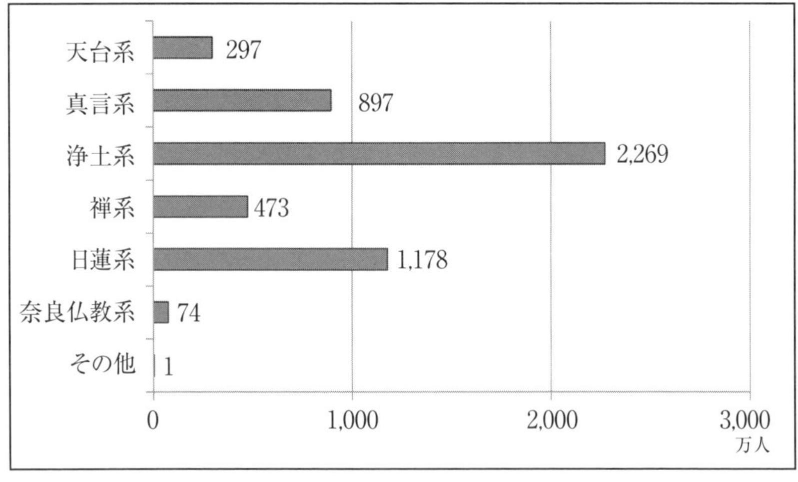

文化庁編『宗教年鑑平成29年度版』より作成（2016.12.31現在値）

注）浄土系には、浄土宗、浄土真宗のほか、時宗、融通念仏宗が含まれる。

【解説】『宗教年鑑』に記載された数字は、宗教団体側から報告のあったものに基づいている。また誰を信者とみなすかも宗教側の見解によっている。神道の場合は「氏子・崇敬者」が信者とみなされているようであり、仏教宗派の場合は檀家は全て信者とみなしている。

b. 個人を対象とした調査結果

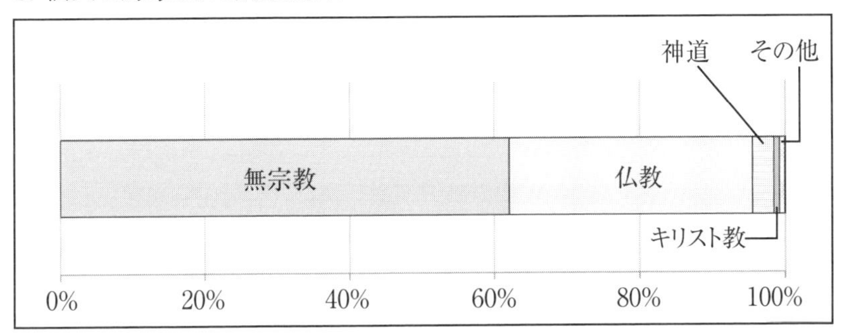

NHK放送文化研究所による質問紙調査、有効回答1,200人分（International Social Survey Programme（2008）"Religion III"所収）より作成

【解説】 質問紙による調査はNHK放送文化研究所の他、新聞社などでも行なわれているが、信仰する割合は時期により、また調査方法などにより10%以上の違いが出てくる。ここで示したものは、あくまでおおまかな傾向である。

(4) 信仰の重要性についての国別比較

「あなたの日々の生活において宗教は重要ですか?」との問いに対する回答

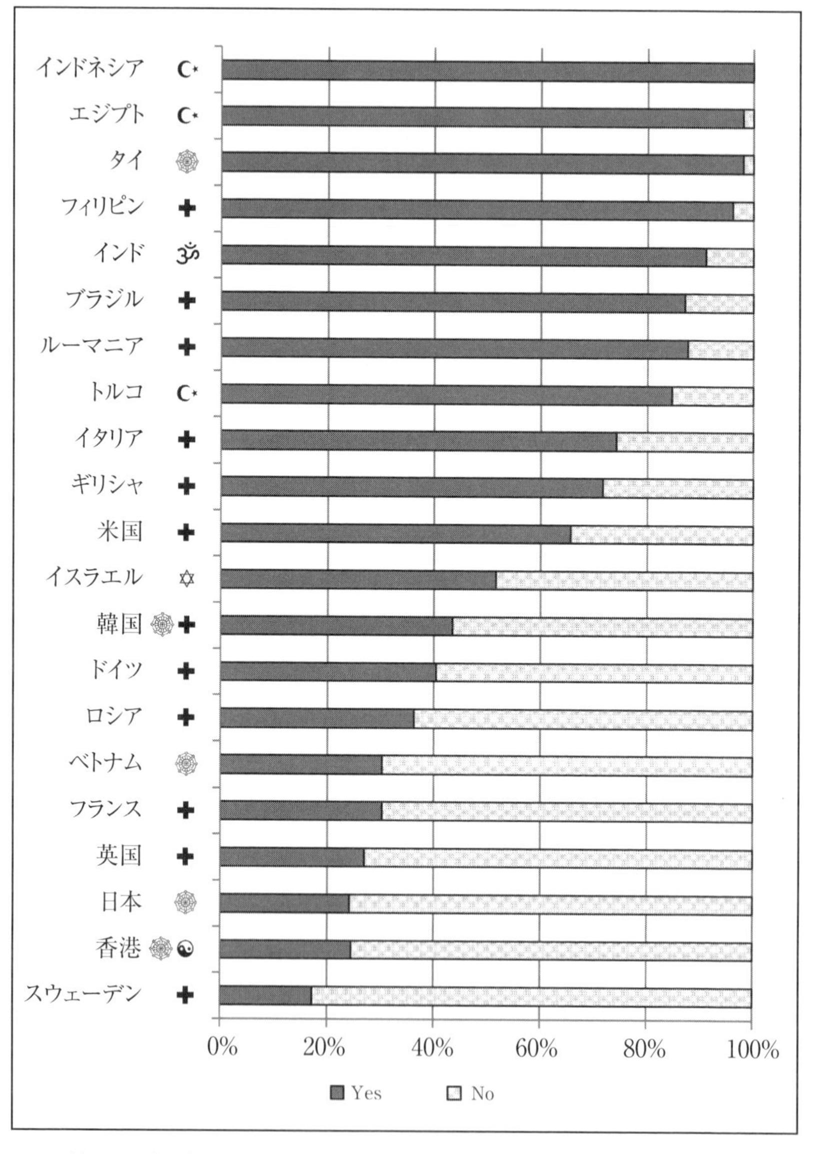

Gallup 社が 2009 年に行なった、対面または電話による各国約千人を対象とした調査データより作成

注）☸：仏教、✚：キリスト教、☪：イスラム教 ☯：道教、ॐ：ヒンドゥー教、✡：ユダヤ教

【解説】国名の横のアイコンはその国がどの宗教ともっとも関わりが深いかを示すものである。拮抗している場合には複数を示した。実際にはどの国も複数の宗教が混在している。

(5) ヨーロッパ各国人口に占めるイスラム教徒の割合

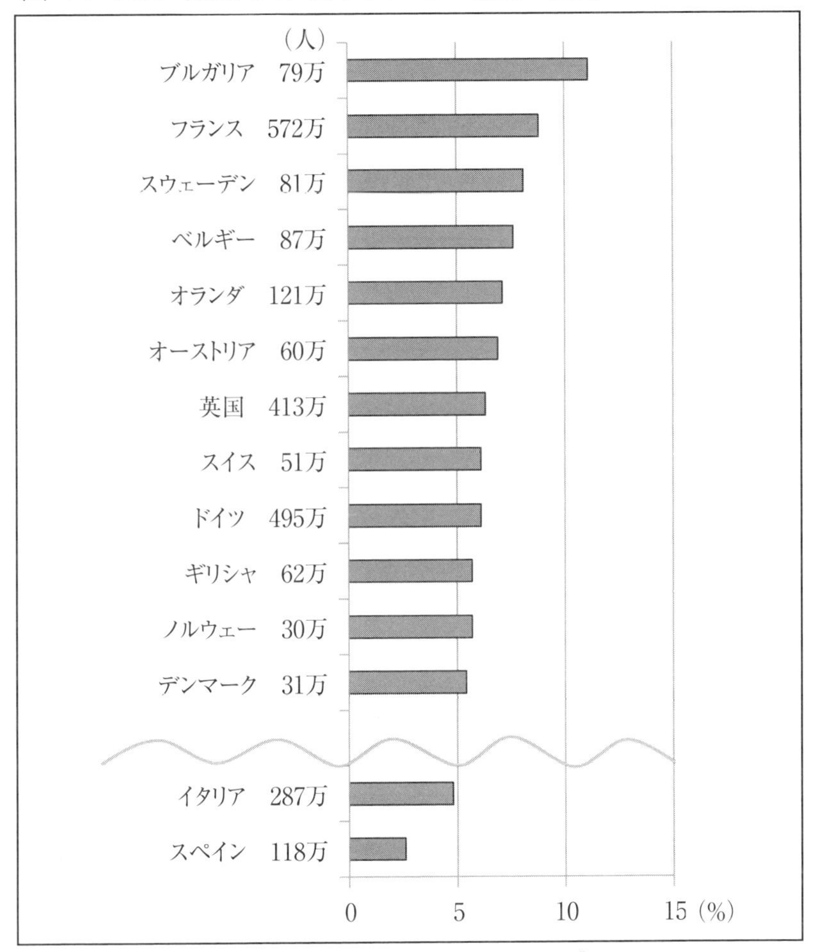

Pew Research Center (2017) "Europe's Growing Muslim Population"

【解説】ここでは割合が多い順に並べたが、絶対数でみると、フランスがもっとも多く、次いで、ドイツ、英国の順となる。これらの国々では400万人以上に達する。

2. 各種の宗教地図

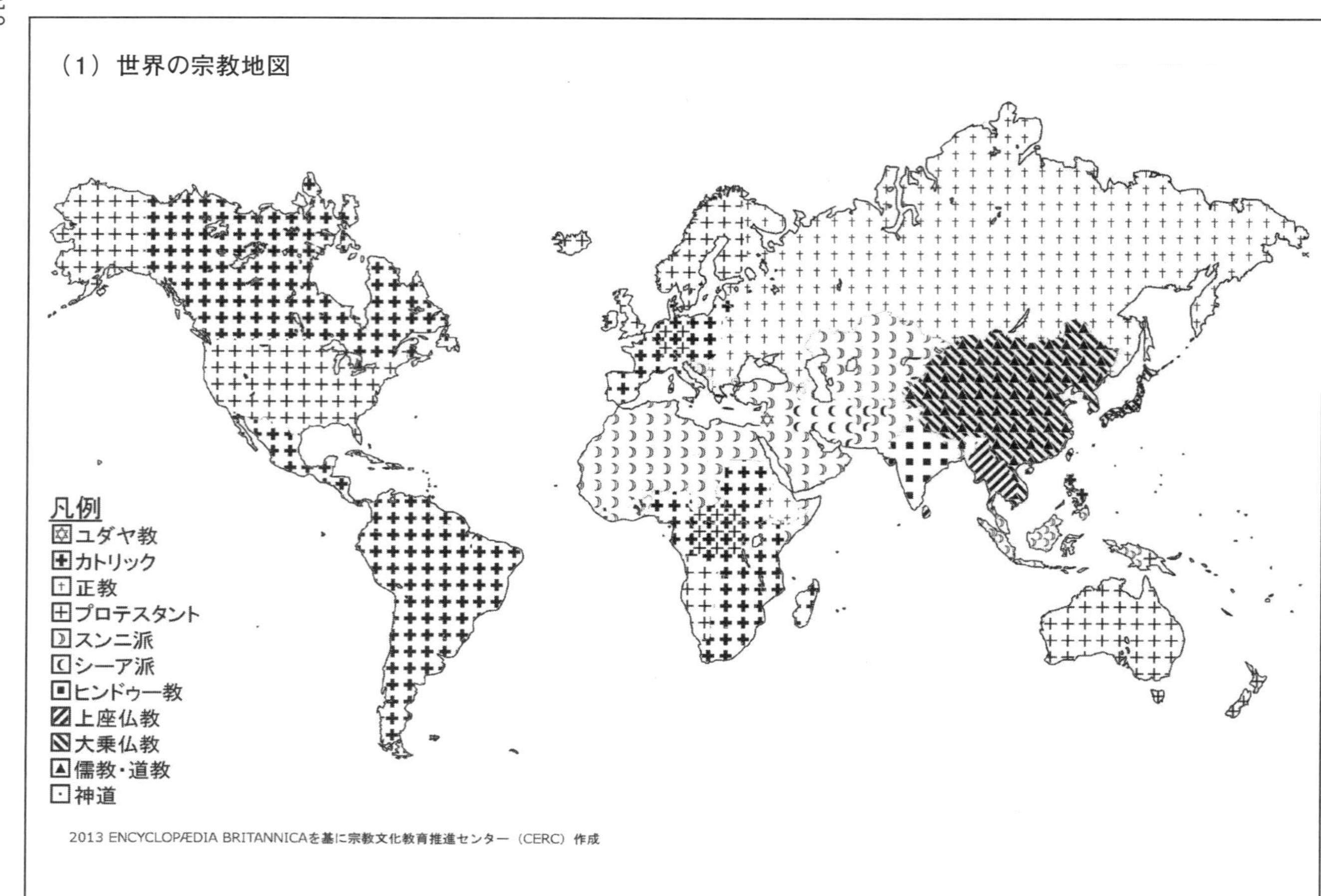
(1) 世界の宗教地図
凡例
ユダヤ教
カトリック
正教
プロテスタント
スンニ派
シーア派
ヒンドゥー教
上座仏教
大乗仏教
儒教・道教
神道
2013 ENCYCLOPÆDIA BRITANNICAを基に宗教文化教育推進センター（CERC）作成

(2) 創唱宗教の発祥地

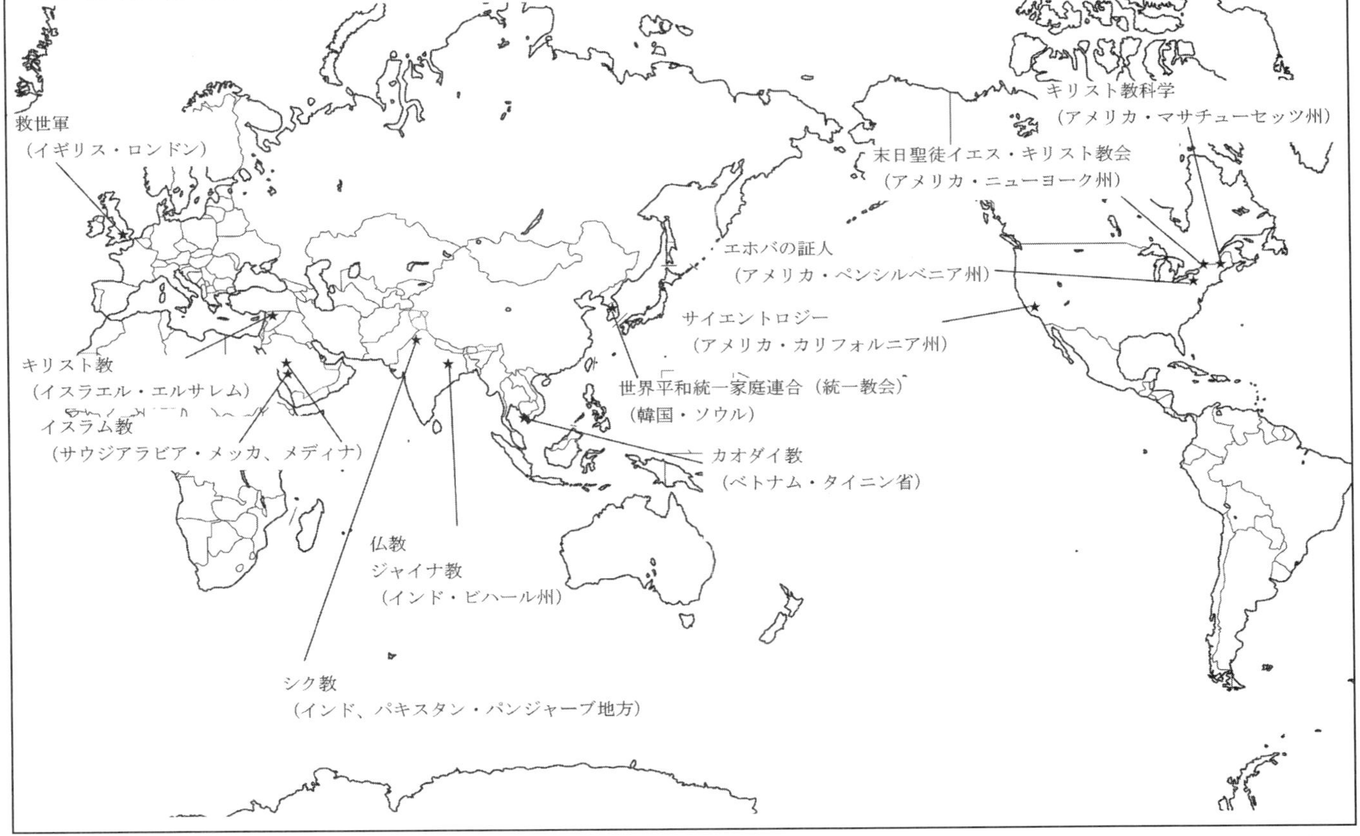

救世軍
（イギリス・ロンドン）
キリスト教
（イスラエル・エルサレム）
イスラム教
（サウジアラビア・メッカ、メディナ）
仏教
ジャイナ教
（インド・ビハール州）
シク教
（インド、パキスタン・パンジャーブ地方）
世界平和統一家庭連合（統一教会）
（韓国・ソウル）
カオダイ教
（ベトナム・タイニン省）
エホバの証人
（アメリカ・ペンシルベニア州）
サイエントロジー
（アメリカ・カリフォルニア州）
末日聖徒イエス・キリスト教会
（アメリカ・ニューヨーク州）
キリスト教科学
（アメリカ・マサチューセッツ州）

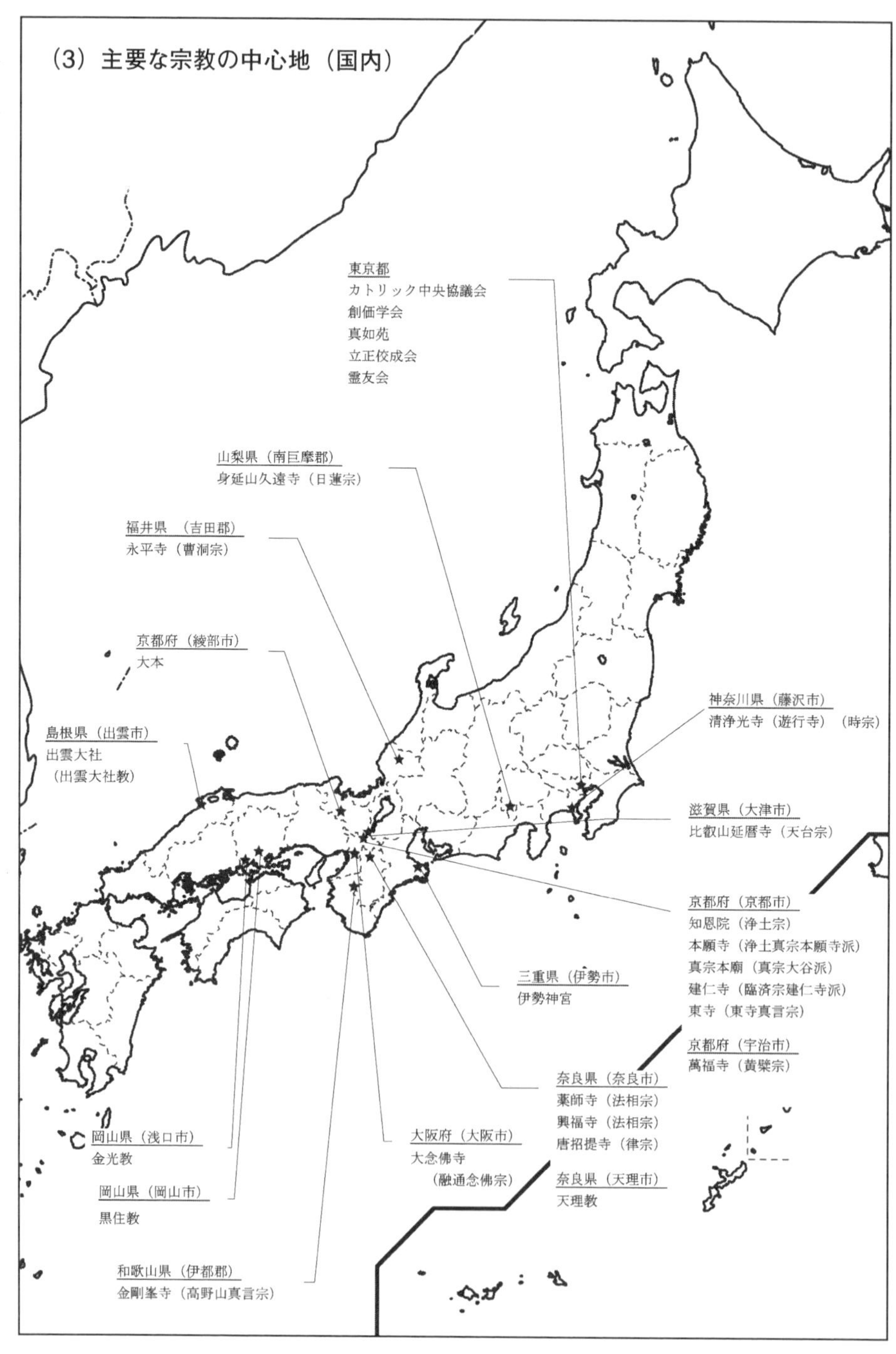
(3) 主要な宗教の中心地（国内）
東京都
カトリック中央協議会
創価学会
真如苑
立正佼成会
霊友会
山梨県（南巨摩郡）
身延山久遠寺（日蓮宗）
福井県（吉田郡）
永平寺（曹洞宗）
京都府（綾部市）
大本
島根県（出雲市）
出雲大社
（出雲大社教）
神奈川県（藤沢市）
清浄光寺（遊行寺）（時宗）
滋賀県（大津市）
比叡山延暦寺（天台宗）
京都府（京都市）
知恩院（浄土宗）
本願寺（浄土真宗本願寺派）
真宗本廟（真宗大谷派）
建仁寺（臨済宗建仁寺派）
東寺（東寺真言宗）
京都府（宇治市）
萬福寺（黄檗宗）
三重県（伊勢市）
伊勢神宮
奈良県（奈良市）
薬師寺（法相宗）
興福寺（法相宗）
唐招提寺（律宗）
奈良県（天理市）
天理教
大阪府（大阪市）
大念佛寺
（融通念佛宗）
岡山県（浅口市）
金光教
岡山県（岡山市）
黒住教
和歌山県（伊都郡）
金剛峯寺（高野山真言宗）

(4) 宗教に関わる紛争・テロのマップ

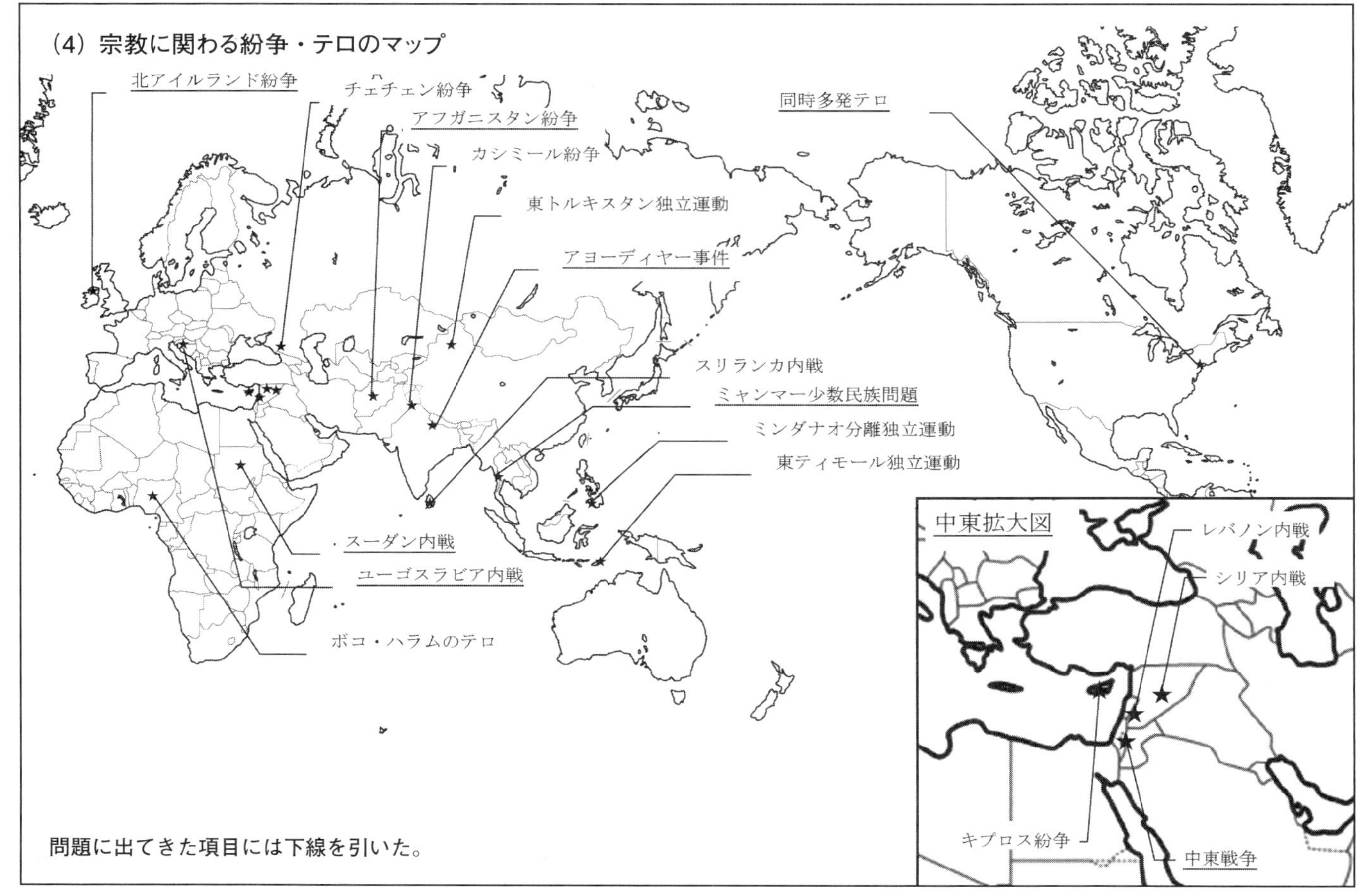

問題に出てきた項目には下線を引いた。

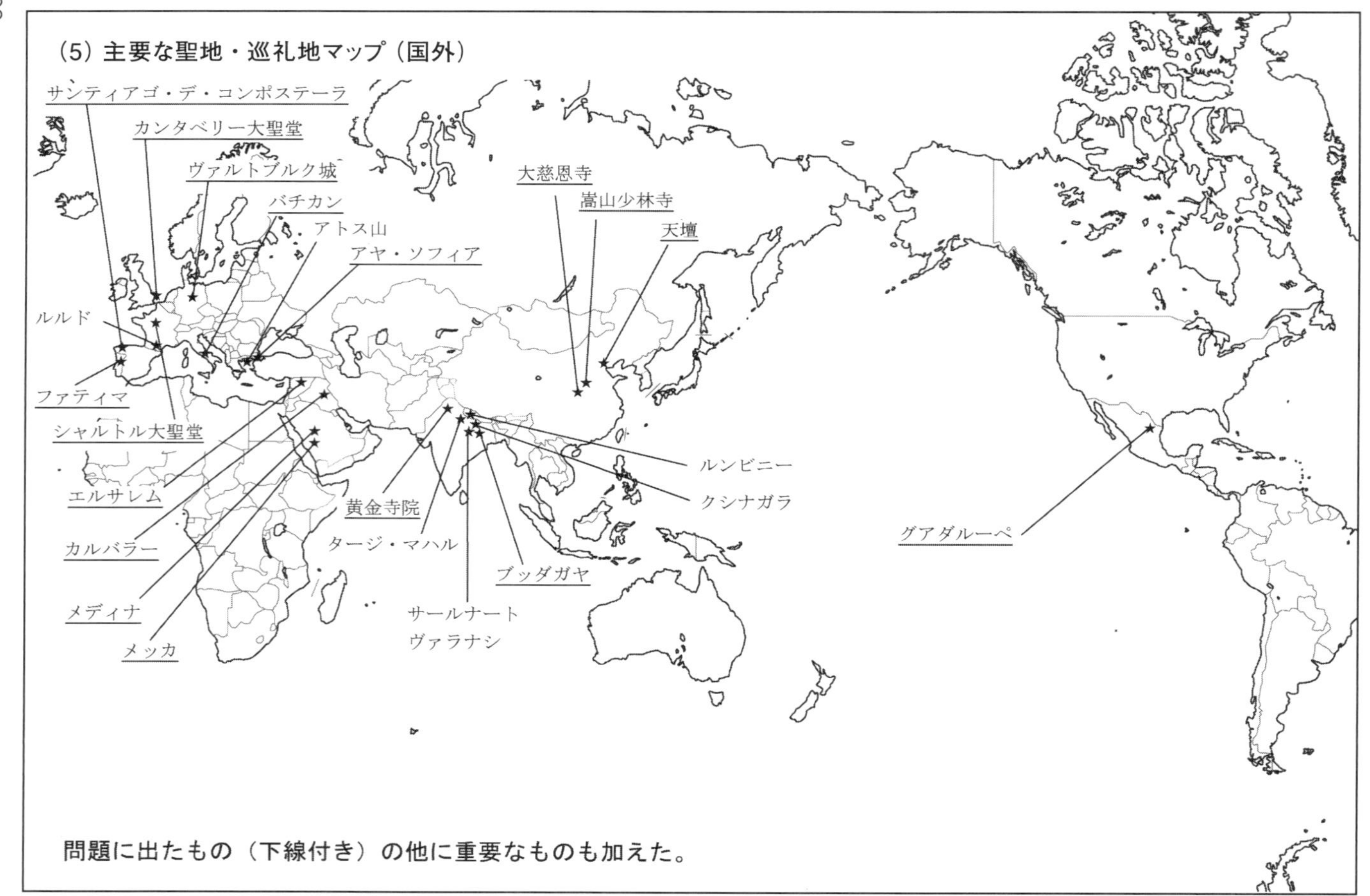
(5) 主要な聖地・巡礼地マップ（国外）
サンティアゴ・デ・コンポステーラ
カンタベリー大聖堂
ヴァルトブルク城
バチカン
アトス山
アヤ・ソフィア
ルルド
ファティマ
シャルトル大聖堂
エルサレム
カルバラー
メディナ
メッカ
黄金寺院
タージ・マハル
サールナート
ヴァラナシ
ブッダガヤ
ルンビニー
クシナガラ
大慈恩寺
嵩山少林寺
天壇
グアダルーペ
問題に出たもの（下線付き）の他に重要なものも加えた。

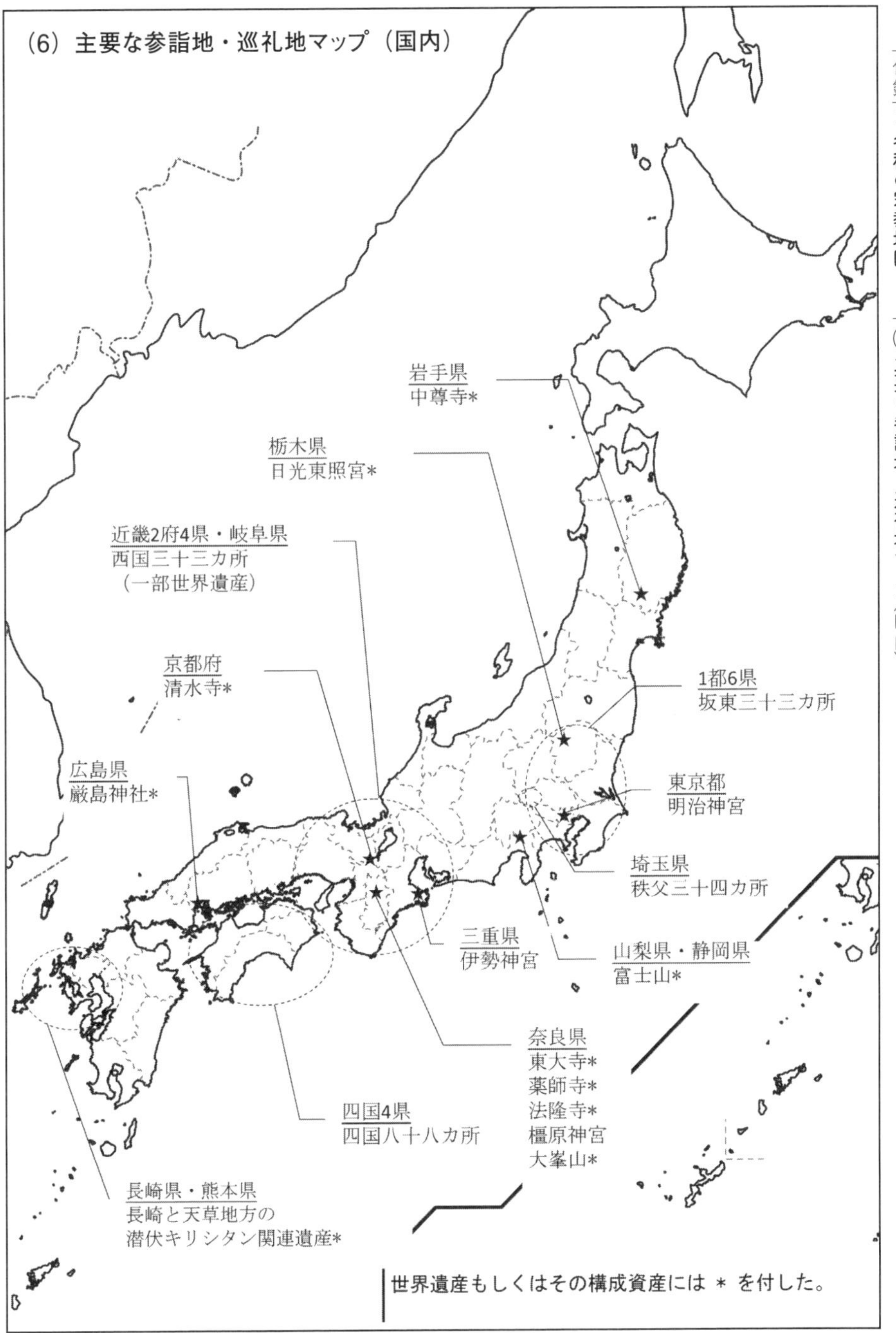
(6) 主要な参詣地・巡礼地マップ(国内)
岩手県
中尊寺*
栃木県
日光東照宮*
近畿2府4県・岐阜県
西国三十三カ所
(一部世界遺産)
京都府
清水寺*
広島県
厳島神社*
1都6県
坂東三十三カ所
東京都
明治神宮
埼玉県
秩父三十四カ所
三重県
伊勢神宮
山梨県・静岡県
富士山*
奈良県
東大寺*
薬師寺*
法隆寺*
橿原神宮
大峯山*
四国4県
四国八十八カ所
長崎県・熊本県
長崎と天草地方の
潜伏キリシタン関連遺産*
世界遺産もしくはその構成資産には * を付した。

3. 図解

(1) キリスト教の分派

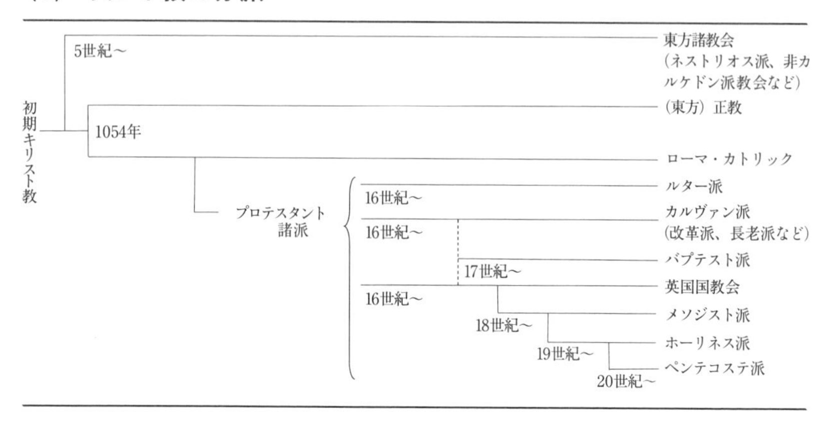

(2) 日本仏教の宗派形成

飛鳥時代　奈良時代　平安時代　鎌倉時代　室町時代　江戸時代　近代　現代

仏教公伝（538年）

系統	宗派（開祖）	年	現代
奈良仏教	法相宗	662	法相宗
	華厳宗	740	華厳宗
	律宗	759	律宗
天台系	天台宗（最澄）	806	天台宗
		993	天台寺門宗
真言系	真言宗（空海）	806	高野山真言宗など
		1140 / 1585	真言宗智山派
		1140 / 1585	真言宗豊山派
浄土系	浄土宗（法然）	1175	浄土宗
	浄土真宗（親鸞）		浄土真宗本願寺派、真宗大谷派
			真宗高田派など
	時宗（一遍）	1274	時宗
禅系	臨済宗（栄西）	1191	臨済宗妙心寺派など
	曹洞宗（道元）	1227	曹洞宗
	黄檗宗（隠元）	1661	黄檗宗
日蓮系	日蓮宗（日蓮）	1253	日蓮宗
			法華宗など
		1290	日蓮正宗

文化庁編『宗教年鑑平成29年版』18頁をもとに一部加筆・省略し作成

(2) カトリック教会の組織

a. 概略図

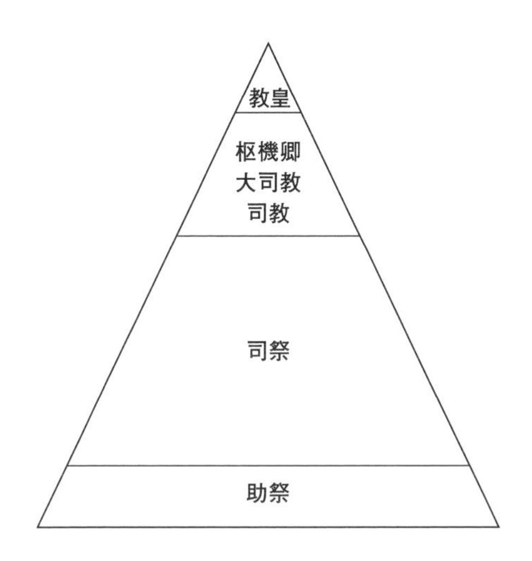

b. 代表的なカトリック修道会

6世紀 10世紀 11世紀	モンテ・カッシーノ修道院 (ベネディクトゥス) クリュニー会 シトー会	祈りと労働
13世紀	ドミニコ会 フランシスコ会 カルメル会 アウグスチノ会	托鉢修道会
16世紀	カプチン・フランシスコ会 イエズス会 跣足カルメル会	対抗宗教改革
19世紀	マリア会 サレジオ会	福祉・教育
20世紀	女子パウロ会 神の愛の宣教者会	

4. 年中行事一覧　グレー網掛けは問題集で取り上げたもの

(1) 日本

新年	1月1日
人日の節供／七草の祝い※	1月7日
節分	2月3日
涅槃会	2月15日、釈迦の入滅に由来
上巳の節供／ひなまつり※	3月3日
春彼岸	3月21日頃の「春分の日」を中心に前後3日ずつ計7日間
降誕会／花祭	4月8日、釈迦の誕生に由来
端午の節供／子供の日※	5月5日
七夕の節供／七夕まつり※	7月7日
お盆(盂蘭盆)	7月(東京など)、8月
重陽の節供／菊まつり※	9月9日
秋彼岸	9月23日頃の「秋分の日」を中心に前後3日ずつ計7日間
成道会	12月8日、釈迦が悟りを開いたことに由来
大晦日	12月31日

※五節供(節句)

(2) キリスト教

西方教会ではグレゴリオ暦（西暦）を、東方教会ではユリウス暦を主に使用する。21世紀においてユリウス暦には、西暦から+13日分のずれが生じている。

西方教会	東方教会	
クリスマス	降誕祭	12月25日
主の公現・顕現日		1月6日、東方の三博士の来訪に由来
	神現祭・主の洗礼祭	1月6日、キリストの洗礼に由来
カーニヴァル（謝肉祭）		復活祭の46日前（灰の水曜日、四旬節の開始）の直前
復活祭（イースターなど）	復活大祭（パスハ）	春分の日（東方教会では3月21日）の次の満月の後の日曜日。グレゴリオ暦では3～4月、ユリウス暦では4～5月
ペンテコステ（聖霊降臨）	五旬祭	復活祭の50日後
聖母被昇天祭	生神女就寝祭	8月15日
宗教改革記念日		10月31日、主にルター派の祝日
死者の日	死者の日	カトリックでは11月2日、東方教会では年に複数回（土曜日）

(3) イスラム教

イスラム暦(ヒジュラ暦)はムハンマドがメッカからメディナへ遷都(ヒジュラ)した622年が元年。
太陰暦で1年は12ヶ月354日のため、太陽暦より1年につき11日ずつ早まる。

アーシューラー(シーア派第3代イマームのフセイン殉教の日)	第1月10日、シーア派の行事
マウリド・アンナビー(預言者生誕祭)	第3月12日
ラマダーン月	第9月
イード・アル=フィトル(断食明け祭)	ラマダーン月が明けた第10月1日から3日間
ハッジ(メッカ巡礼)	第12月8日から13日まで
イード・アル=アドハー(犠牲祭)	第12月10日から3日間

(4) ユダヤ教

ユダヤ暦は天地創造を起源としており、年号は西暦に3760年を足す。
太陰太陽暦のため、19年に7回閏月を設けて太陽暦との調整を行なう。
閏年には1年が13ヶ月になる。

ロシュ・ハシャナ(新年)	第7月1日、新月の日を新年とする。西暦の9～10月頃
ヨム・キプール(贖罪日)	新年から10日間の悔い改めの期間の締めくくりに24時間の断食を行なう
スコット(仮庵の祭)	新年の14日後、秋分の後の満月から8日間続く
ペサハ(過越の祭)	春分の後の満月の日から1週間続く。西暦の3～4月
シャブオット(7週の祭)	ペサハが始まる日の50日後。西暦の5～6月

(5) その他の行事

清明節(掃墓節とも)	中華圏の習俗	春分から15日目。4月5日前後。
ウェーサク祭	上座仏教	1999年に5月の満月の日が「国連ウェーサクの日」に制定された。 釈迦の誕生、成道、入滅を祝う。 各国の暦法により4～6月頃の満月の日に祝われる。
ディワーリー(新年祭)	ヒンドゥー教	ヒンドゥー暦7月の新月。西暦の10～11月。
ホーリー祭(春祭り)	ヒンドゥー教	ヒンドゥー暦11月の満月の日。西暦の2月半ば～3月半ば。

5. 年表　＊が付いた項目は問題集で取り上げたもの

	日本	アジア、オセアニア
紀元前		前10～12世紀　『リグ・ヴェーダ』成立＊ 前6世紀頃　ジャイナ教、ゾロアスター教成立＊ 前6世紀　孔子の誕生 （日本での通説では）前5～6世紀頃　釈迦の誕生 前3世紀　スリランカに仏教が伝来
1世紀		紀元前後　中国に仏教経典が伝来
2世紀		184　黄巾の乱
3世紀		2～3世紀　大乗仏教が成立
4世紀		4～5世紀頃　ヒンドゥー教成立
5世紀		5世紀初　鳩摩羅什が「妙法蓮華経」を漢訳＊ 5～6世紀　東南アジアに上座仏教が伝来＊
6世紀	538　仏教公伝＊ 596　飛鳥寺建立	7世紀　インド全域に密教が広がる
7世紀	607　法隆寺建立 690　第一回式年遷宮＊	7世紀　チベットに仏教が伝来 7世紀半ば　中国にネストリオス派キリスト教（景教）、イスラム教が伝来＊ 652　玄奘が仏典を持ち帰り大雁塔を建立＊
8世紀	712　『古事記』編纂 720　『日本書紀』編纂 753　鑑真来日 788　最澄、比叡山開創	
9世紀	812　空海、金剛峯寺開創 9～10世紀　本地垂迹説が広まる＊	845　唐・武宗による廃仏政策
10世紀	10世紀　太宰府天満宮創建＊ 985　源信『往生要集』	

	ユダヤ教・キリスト教	イスラム教
紀元前	前515 エルサレム第二神殿建立 前400頃 ヘブライ語聖書の編纂* 前6〜4頃 イエス生誕*	
1世紀	30 イエスのエルサレム入城、磔刑* 70 エルサレム陥落 (ユダヤ教徒の離散[ディアスポラ])* 1世紀頃 福音書成立	
2世紀	2〜4世紀 キリスト教の教義の確立 (三位一体論、使徒信条など)	
3世紀		
4世紀		
5世紀	451 カルケドン公会議	
6世紀	529頃 ベネディクトゥスがモンテ・カッシーノ修道院設立(西方教会の修道制の始まり)	
7世紀		610 ムハンマドに啓示が下る 622 ヒジュラ(メディナに遷都)* 630 ムハンマドがメッカを征服* 632 ムハンマドが死去し、アブー・バクルがカリフに(カリフ制の始まり) 651頃 第3代カリフ、ウスマーンのもとでコーラン定本化 657 カリフ位をめぐりアリーとムアーウィヤがシッフィーンで戦う(シーア派誕生の発端) 661 ムアーウィヤがカリフ位に就きウマイヤ朝成立(カリフ位の世襲制、イスラム王朝の始まり) 680 アリーの息子でムハンマドの孫であるフセインがカルバラーで戦死*
8世紀		750 ウマイヤ朝滅亡。アッバース朝成立 773 イベリア半島に後ウマイヤ朝成立。以降イスラム王朝の統一は失われる
9世紀		874 シーア派の第12代イマームがガイバ(幽隠)し、12イマーム派成立
10世紀		

	日本	アジア、オセアニア
11世紀		11～14世紀　東南アジア大陸部で上座仏教地位確立＊
12世紀	12世紀　鶴岡八幡宮創建＊ 1191　栄西が臨済宗を広める＊ 1198　法然『選択本願念仏集』	
13世紀	1224頃　親鸞『教行信証』 1244　道元が傘松峰大佛寺（後に永平寺）開創 1260　日蓮『立正安国論』	13世紀末　東南アジア島嶼部でイスラム教が広がる＊
14世紀		14世紀末～15世紀　李氏朝鮮による仏教弾圧＊
15世紀	1496　蓮如が石山本願寺創建	1420　明の永楽帝が天壇を建立＊
16世紀	1549　イエズス会のザビエルが日本で宣教開始＊ 1569　織田信長がフロイスにキリスト教の布教を許可 1571　織田信長による比叡山焼き討ち＊ 1585　天正遣欧使節、ローマ教皇グレゴリオ13世に謁見 1587　豊臣秀吉による伴天連追放令 1597　豊臣秀吉によりキリシタン26人が殉教（日本二十六聖人）	16世紀　スペイン統治下のフィリピンでカトリック広がる＊ 16世紀　シク教の成立＊ 1598　イエズス会のマテオ・リッチが中国で宣教開始＊
17世紀	1614　徳川幕府、すべての地域でキリスト教信仰を禁止 1637　島原・天草一揆 1661　中国僧・隠元が黄檗宗萬福寺開創＊ 1671　宗門人別改帳による寺請制度の確立＊	
18世紀	1798　本居宣長『古事記伝』	
19世紀	1814　黒住教創立＊ 1838　天理教創立＊ 1859　金光教創立＊ 1861　ニコライ来日＊ 1868　神仏判然令＊ 1869　招魂社建立（1879　靖国神社と改称）＊ 1872　日本基督公会（日本初のプロテスタント教会）設立 1872　僧侶の肉食妻帯蓄髪が認められる＊ 1890　橿原神宮創建＊	1851　清で太平天国の乱

	ユダヤ教・キリスト教	イスラム教
11世紀	1054 東西キリスト教の分裂 11～13世紀 十字軍*	
12世紀	12～15世紀 西欧各地でユダヤ教徒追放令	12～13世紀 初期のタリーカ(神秘主義教団)成立
13世紀	13世紀 フランシスコ会、ドミニコ会の成立	1299 オスマン帝国成立
14世紀		14～15世紀 タリーカが民衆のあいだに浸透 1400頃 東南アジア初のイスラム王朝、マラッカ王国成立(1511 滅亡)
15世紀	1453 オスマン帝国によるコンスタンティノポリス陥落(東ローマ帝国滅亡) 1492 スペイン王国の成立(イスラム勢力を駆逐、ユダヤ教徒を追放)	
16世紀	1517 ルター『95箇条の提題』* 1534 イエズス会の成立 1534 英国国教会の成立* 1536 カルヴァン『キリスト教綱要』 1562 フランスでユグノー戦争* 16世紀～ 中南米の先住民のキリスト教化 1598 ナントの勅令(ユグノー戦争終結)*	1501 サファヴィー朝成立(1736 滅亡)により、イラン高原がシーア派化 1526 ムガル帝国成立
17世紀	1620 ピューリタンのアメリカ移住	
18世紀		18世紀半ば～19世紀 アラビア半島でイスラム改革運動、ワッハーブ運動が盛んに*
19世紀	1830 末日聖徒イエス・キリスト教会(モルモン教)創立* 1859 ダーウィン『種の起源』 1865 救世軍の創立* 1870年代 エホバの証人の創立*	1805 ムハンマド・アリー王朝成立(1953 滅亡)により、エジプトでアラブ圏初の近代化政策始まる 1858 ムガル帝国崩壊

	日本	アジア、オセアニア
19世紀	1891　内村鑑三不敬事件 1895　平安神宮創建＊ 1899　文部省訓令第十二号発布（宗教教育と儀式の禁止）＊	
20世紀	1911　総持寺（横浜市鶴見区）創建＊ 1920　明治神宮創建＊ 1921　第1次大本事件＊ 1930　生長の家創立＊ 1930　霊友会創立＊ 1930　創価学会創立＊ 1935　神戸ムスリムモスク（日本初のモスク）建立 1935　世界救世教創立＊ 1935　第2次大本事件＊ 1939　宗教団体法施行 1941　日本基督教団成立＊ 1945　宗教法人令施行、GHQによる神道指令 1946　宗教法人神社本庁発足＊ 1951　宗教法人法が制定 1960年代　米国に禅センターが作られる＊ 1964　創価学会が公明党を結成（1970年に分離） 1978　崇教真光創立＊ 1986　幸福の科学創立＊ 1995　オウム真理教地下鉄サリン事件＊ 1996　厳島神社が世界文化遺産に登録＊	1919　ベトナムでカオダイ教が創立 1954　韓国で統一教会創立＊ 1959　ダライ・ラマ14世が亡命 1966〜77　中国で文化大革命（宗教弾圧）＊ 1984　インディラ・ガンディー首相暗殺＊ 1992　インドでアヨーディヤー事件＊
21世紀	2018「長崎と天草地方の潜伏キリシタン関連遺産」世界文化遺産に登録＊	2002　インドでグジャラート暴動

	ユダヤ教・キリスト教	イスラム
19世紀	1894 フランスでドレフュス事件（シオニズム運動）＊	1898 ラシード・リダーがカイロで『マナール誌』創刊
20世紀	1925 アメリカで進化論裁判	1922 オスマン帝国崩壊 1924 （トルコにおいて）カリフ制廃止 1925 パフラヴィー朝成立（1979 滅亡）し、イランの近代化政策が始まる 1928 エジプトでムスリム同胞団が結成＊ 1930 アメリカでネーション・オブ・イスラームが結成
	1942～45 ナチス・ドイツによるユダヤ人虐殺＊ 1948 世界教会協議会創設（エキュメニズム運動）	1941 インドにジャマーアテイスラーミー成立
	1948 第一次中東戦争（エルサレムが東西に分割）	
	1949 イスラエルの独立＊ 1952 サイエントロジーの創立＊ 1962～65 第二バチカン公会議＊ 1965 東西教会が相互破門を解除	
	1967 第三次中東戦争（イスラエルによる東エルサレム占領）	
	20世紀後半 南米で「解放の神学」が広まる＊ 20世紀後半 北アイルランド紛争＊	1969 イスラム諸国会議機構（現・イスラム協力機構）成立 1979 メッカのカアバ神殿占拠事件 1979 イラン・イスラム革命＊ 1979 ソ連のアフガニスタン侵攻 1989 フランスでスカーフ問題発生 1989 『悪魔の詩』の作者サルマン・ラシュディに対しホメイニが背教者と宣告
21世紀	2001 フランスで反セクト法の成立 2004 フランスの公立学校で顕示的な宗教的標章の着用禁止	2001 アメリカで同時多発テロ事件＊ 2014 IS（イスラム国）の設立が宣言される

索引

【凡例】
数字は問題番号
＊が付いた数字は、キーワードとなっているもの。宗教名のうち、イスラム教、カトリック、キリスト教、東方正教、ヒンドゥー教、プロテスタント、仏教、ユダヤ教は頻出するので、索引には載せていない。

【あ行】

【か行】

【さ行】

【た行】

【な行】

【は行】

【ま行】

【や行】

【ら行】

【わ行】

あとがき

本書は宗教文化教育推進センター（Center for Education in Religious Culture）の運営委員が編集委員となり、同センターの研究員が協力して作成されました。また國學院大學日本文化研究所のプロジェクト「デジタル・ミュージアムの運営および日本の宗教文化の国際的研究と発信」には、宗教文化教育の教材作成が事業として組み込まれており、その成果が活かされたものでもあります。

宗教に関わる問題はいろいろな解釈があり、学問的にも確定できないことが数多くあります。さらにインターネットのサイトに投稿する人が増えた結果、ネット上には根拠のない説も数多くみられます。そうした中に、できる限り信頼のおける内容になるようにと、多くの宗教研究者が協議を重ねました。

宗教文化教育推進センターのホームページには、宗教文化士認定試験の過去問や各種のデータベース（「世界遺産と宗教文化」、「映画と宗教文化」、「博物館と宗教文化」）があります。ご自由にご利用ください。

編集委員は下記のとおりですが、駒澤大学の矢野秀武氏には問題作成にご協力いただきました。宗教文化教育推進センターの研究員の今井信治氏、小高絢子氏、加藤久子氏、齋藤公太氏、村上晶氏、及び國學院大學日本文化研究所研究補助員の髙田彩氏、臨時雇員の髙瀬航平氏、RIRC研究員の馬場真理子氏には、資料編の作成と校正作業にご協力いただきました。篤く御礼申し上げます。

編集委員を代表して　井上順孝

編集委員長

井上順孝（國學院大學）

編集委員

飯嶋秀治（九州大学）
岩井　洋（帝塚山大学）
岩野祐介（関西学院大学）
岡田正彦（天理大学）
河野　訓（皇學館大学）
木村敏明（東北大学）
黒﨑浩行（國學院大學）
小田部進一（玉川大学）
櫻井義秀（北海道大学）
佐々木裕子（白百合女子大学）
釈　徹宗（相愛大学）
杉岡孝紀（龍谷大学）
土井健司（関西学院大学）
西村　明（東京大学）
平藤喜久子（國學院大學）
藤原聖子（東京大学）
星野靖二（國學院大學）
三木　英（大阪国際大学）
宮本要太郎（関西大学）
村上興匡（大正大学）
八木久美子（東京外国語大学）
山中　弘（筑波大学）
弓山達也（東京工業大学）

解きながら学ぶ
日本と世界の宗教文化

2019年3月20日　第1刷発行

編者――宗教文化教育推進センター
（編集協力・國學院大學研究開発推進機構日本文化研究所）
発行者――川端幸夫
発行――集広舎
〒812-0035 福岡市博多区中呉服町5番23号
電話 092（271）3767　FAX 092（272）2946
装丁・組版――design POOL（北里俊明+田中智子）
印刷・製本――モリモト印刷株式会社

ISBN978-4-904213-69-8　C0014